U0731496

儒学与科技文明

乐爱国 ● 著

海天出版社（中国·深圳）

图书在版编目（CIP）数据

儒学与科技文明 / 乐爱国著. — 深圳 ：海天出版社，2015.7
（自然国学丛书）
ISBN 978-7-5507-1400-7

Ⅰ．①儒… Ⅱ．①乐… Ⅲ．①儒学－关系－科学技术－研究－中国 Ⅳ．①B222.05②N12

中国版本图书馆CIP数据核字(2015)第140079号

儒学与科技文明
Ru Xue Yu Ke Ji Wen Ming

出 品 人　聂雄前
出版策划　尹昌龙
丛书主编　孙关龙　宋正海　刘长林
责任编辑　秦　海
责任技编　蔡梅琴
封面设计　风生水起

出版发行　海天出版社
地　　址　深圳市彩田南路海天大厦　（518033）
网　　址　www.htph.com.cn
订购电话　0755－83460293（批发）　83460397（邮购）
设计制作　深圳市同舟设计制作有限公司　Tel：0755－83618288
印　　刷　深圳市新联美术印刷有限公司
版　　次　2015年7月第1版
印　　次　2015年7月第1次
开　　本　787mm×1092mm　1 / 16
印　　张　12
字　　数　167千
定　　价　32.00元

海天版图书版权所有，侵权必究。
海天版图书凡有印装质量问题，请随时向承印厂调换。

总　序

21世纪初，国内外出现了新一轮传统文化热。人们以从未有过的热情对待中国传统文化，出现了前所未有的国学热。世界各国也以从未有过的热情学习和研究中国传统文化，联合国设立孔子奖，各国雨后春笋般地设立孔子学院或大学中文系。显然，人们开始用新的眼光重新审视中国传统文化，认识到中国传统文化是中华民族之根，是中华民族振兴、腾飞的基础。面对近几百年以来从没有过的文化热，这就要求我们加强对传统文化的研究，并从新的高度挖掘和认识中国传统文化。我们这套《自然国学》丛书就是在这样的背景下应运而生的。

自然国学是我们在国家社会科学基金项目"中国传统文化在当代科技前沿探索中如何发挥重要作用的理论研究"中提出的新研究方向。在我们组织的、坚持20余年约1000次的"天地生人学术讲座"中，有大量涉及这一课题的报告和讨论。自然国学是指国学中的科学技术及其自然观、科学观、技术观，是国学的重要组成部分。长久以来由于缺乏系统研究，以致社会上不知道国学中有自然国学这一回事；不少学者甚至提出"中国古代没有科学"的论断，认为中国人自古以来缺乏创新精神。然而，事实完全不是这样的：中国古代不但有科学，而且曾经长时期地居于世界前列，至少有甲骨文记载的商周以来至17世纪上半叶的中国古代科学技术一直居于世界前列；在公元3世纪至15世纪，中国科学技术则是独步世界，占据世界领先地位达千余年；中国古人富有创新精神，据统计，在公元前6世纪至公元1500年的2000多年中，中国的技术、工艺发明成果约占全世界的54%；现存的古代科学技术知识文献数量，也超过世界其他任何一个国家。因此，自然国学研究应是21世纪中国传统文化一个重要的新的研究方向。对它的深入研究，不仅能从新的角度、新的高度认识和弘扬中国传统文化，使中国传统文化获得新的生命力，而且能从新的角度、新的高度认识和弘扬中国传统科学技术，有助于当前的科技创新，有助于走富有中国特色的科学技术现代化之路。

本套丛书是中国第一套自然国学研究丛书。其任务是：开辟自然国学研究方向；以全新角度挖掘和弘扬中国传统文化，使中国传统文化获得新的生命力；以全新角度介绍和挖掘中国古代科学技术知识，为当代科技创新和科学技术现代化提供一系列新的思维、新的"基因"。它是"一套普及型的学术研究专著"，要求"把物化在中国传统科技中的中国传统文化挖掘出来，把散落在中国传统文化中的中国传统科技整理出来"。这套丛书的特点：一是"新"，即"观念新、角度新、内容新"，要求每本书有所创新，能成一家之言；二是学术性与普及性相结合，既强调每本书"是各位专家长期学术研究的成果"，学术上要富有个性，又强调语言上要简明、生动，使普通读者爱读；三是"科技味"与"文化味"相结合，强调紧紧围绕"中国传统科技与中国传统文化交互相融"这个纲要进行写作，要求科技器物类选题着重从中国传统文化的角度进行解读，观念理论类选题注重从中国传统科技的角度进行释解。

由于是第一套《自然国学》丛书，加上我们学识不够，本套丛书肯定会存在这样或那样的不足，乃至出现这样或那样的差错。我们衷心地希望能听到批评、指教之声，形成争鸣、研讨之风。

《自然国学》丛书主编

2011年10月

目 录

前 言 ……………………………………………………… 1

第一章 儒学的科技内涵 ……………………………………… 1

一、什么是科学 ………………………………………… 3

二、儒学的特质 ………………………………………… 4

三、儒学与科技的关系 ………………………………… 8

第二章 儒家经学与古代科技 ……………………………… 13

一、儒家经典的形成 …………………………………… 15

二、儒家经典中的科技知识 …………………………… 23

三、经学研究中的科技研究 …………………………… 39

第三章 儒家对科技的重视与研究 ………………………… 47

一、先秦儒家对科技的重视 …………………………… 49

二、汉唐儒家对科技的研究 …………………………… 54

三、宋元儒家对科技的兴趣 …………………………… 61

四、明清儒家对科技的贡献 …………………………… 78

第四章 儒学对中国古代科技的影响 ……………………… 83

一、科学家与儒学 ……………………………………… 85

二、科研动机与儒家理念 ……………………………… 89

三、科技研究与儒家经学 ……………………………… 94

四、科学思想与儒家自然观 …………………………… 98

第五章 中国古代科技与儒学同步发展 …………………… 109

一、汉代科技体系的形成与儒学 ·················· 111

二、宋元时期的科技高峰与儒学 ·················· 114

三、清代科技的衰落与儒学 ······················· 118

第六章　晚清儒学与"科学救国"思潮 ·················· 121

一、魏源的"师夷长技以制夷"及其影响 ·········· 123

二、张之洞的"中学为体，西学为用" ·············· 127

三、康有为的"科学实为救国之第一事" ·········· 130

第七章　儒学对中国古代科技发展的双重作用 ········ 135

一、儒学与科技的成长性、独立性 ··············· 137

二、儒学与科技的务实性、理论性 ··············· 141

三、儒学化的科技及其优势与缺陷 ··············· 144

四、结语 ·······································　147

附　录　北宋儒学背景下沈括的科学研究 ·············· 151

参考文献 ··　167

索　引 ···　169

前 言

中国传统文化主要由儒、释、道三家相互作用、相互融合而构成，尤以儒学为主干。虽然在中国历史上，儒学并非始终是占据主导地位的意识形态，但是，自西汉时期，汉武帝"罢黜百家，独尊儒术"，儒学成为官学之后，儒学一直是儒、释、道三家关系的主要方面。尤其是南宋后期，程朱理学被定为官学。继后，儒学在意识形态领域占统治地位达700年之久。

作为中国传统文化主干的儒学不仅影响着佛教、道教，而且影响着中国古代的政治、经济、道德、教育、文学艺术以及社会生活的各个方面，当然也对中国古代科技及其发展产生重大影响。近代中国科技由于诸多原因而落后于西方，不少学者往往把这一落后的原因归咎于古代的儒学，甚至以为儒学与科技是完全相对立的。然而，著名英国科学史家李约瑟却以他的鸿篇巨制《中国科学技术史》证明了：古代的中国人"在许多重要方面有一些科学技术发明，走在那些创造出著名的'希腊奇迹'的传奇式人物的前面，和拥有古代西方世界全部文化财富的阿拉伯人并驾齐驱，并在公元三世纪到十三世纪之间保持一个西方所望尘莫及的科学知识水平"，"中国的这些发明和发现往往远远超过同时代的欧洲，特别是在十五世纪之前更是如此"。[①]假如作为中国传统文化主干的儒学与科技是完全相对立的，那么在这样的文化背景下，又怎么可能会有高度发展的中国古代科技？反言之，在科技高度发展的中国古代社会中，与科技发展完全相对立的学说又如何能够成为文化的主干？所以，简单地说儒学与古代科技是完全相对立的，或者说儒学完全不利于古代科技的发展，是很难站得住脚

---

① （英）李约瑟：《中国科学技术史》第一卷《总论》，科学出版社，1975年，第3页。

的。但是，儒学是否都有利于古代科技的发展而没有其负面作用呢？这又是一个非常复杂的问题，需要作出具体而深入的分析。

在漫长的中国古代社会里，科学与文化融合为一体，科学并没有从文化中分离出来。所以，要回答儒学对于古代科技的发展是起了积极的促进作用还是负面的阻碍作用，不能用科技与儒学相互对立的方式，而是应当回到科学与文化融合一体的中国古代，分别从儒学的和科技的角度，具体分析儒学与科技二者之间的相互联系、相互影响，探讨在以儒学为主干的中国传统文化中，古代科技的发生、发展以及衰落，进而就儒学对中国古代科技的作用作出合理的判断。

本书以翔实的文献资料，从儒学的科技内涵、儒家经典所包含的自然知识以及历代儒家对科技的重视与研究等方面，阐述儒学与中国古代科技的密切关系；同时从中国古代科学家及其科学研究、科学思想与儒学的关系等方面，分析儒学对于中国古代科技发展的诸多影响，阐述中国古代科技与儒学同步发展以及晚清儒家的科学救国思想，并进一步讨论儒学对中国古代科技发展的双重作用，以期对儒学及其与科技的关系有一个新的合理的认识。

第一章

儒学的科技内涵

在中国古代相当长的历史时期里，作为中国传统文化主干的儒学是全部学术的根源和基础，因而也是古代科学技术的根源和基础；它不仅具有文化内涵，而且也具有丰富的科技内涵。正是由于儒学具有丰富的科技内涵，以儒学为主干的中国传统文化才能发展出古代科学技术，因而也才能解释中国古代科技曾经有过的辉煌。

一、什么是科学

"科学"一词，是伴随着西方近代自然科学进入中国的，因此，"科学"一开始就是指近代自然科学，即以系统的观察实验方法为基础、具有严密的逻辑推演的自然知识体系。这种以专门的科学方法为依据的"科学"，既是西方的，又是近代的，所以不仅中国古代没有，西方古代也没有。所以，自20世纪初以来，就一直有学者认为中国古代没有科学。

但是，科学有一个发生、发展的过程，这就是科学史；既然有近代科学，那么就会有作为起源的古代科学。因此，对于"科学"的界定，就从以科学方法为依据，进到更为泛化的以学科特征、研究对象为依据，从而把"科学"界定为对于自然的研究，即"自然科学"，以区别于人文科学与社会科学。这也是今天的人们，尤其是非专业科学家，所理解的"科学"。

把"科学"界定为对于自然的研究，这样的研究不仅西方古代有，中国古代也有。需要指出的是，在中国古代，对于自然的研究与技术紧密联系在一起而难以分离，所以，"科学"与"技术"虽然在理论上可以作出区别，但在实际中则不可分开。其实，在当今社会，科学与技术也难以区分开来，"科学"与"技术"往往不加严格区别。

据《汉书·艺文志》记载，西汉刘向、刘歆编《七略》，即"辑略""六艺略""诸子略""诗赋略""兵书略""术数略""方技略"，将各种著作分为六类。其中"诸子略"含"农家"；"术数略"含"天文""历谱";"方技略"含"医经""经方"。《隋书·经籍志》开始以"经""史""子""集"四部之名分录群书,其中"子"部包含:"农",所谓"农者,所以播五谷、艺桑麻以供衣食者也";"天文",所谓"天文者,所以察星辰之变,而参于政者也";"历数",所谓"历数者,所以揆天道、察昏明以定时日,以处百事,以辨三统,以知陀会,吉隆终始,穷理尽性而至于命者也";"医方",所谓"医方者,所以除疾疢、保性命之术者也"。这就有了所谓"天""算""农""医"的分类。清乾嘉时期编纂的《四库全书》是中国历史上规模最大的一部丛书,将"经""史""子""集"四部作了详尽的细分,其中"子"部含"农家类""医家类""天文算法类"。"天文算法类"又分推步、算书;此外,"史"部中有"地理类",又分宫殿疏、总志、都会郡县、河渠、边防、山川、古迹、杂记、游记、外记;"子"部中有"谱录类",又分器物、食谱、草木鸟兽虫鱼。这一图书分类足以证明中国古代不仅有大量关于"天""算""农""医"的科技专著,而且还有其他学科门类的科技著作。

中国古代有大量对于自然研究的科技著作,同时还有各种各样重要的技术发明。与此相应,就有了在这些领域取得重要成就的大量科学家,这就构成了中国古代曾有过的科技辉煌。正因为有过这样的科技辉煌,于是有了李约瑟于1954年开始出版的七卷本《中国科学技术史》,又有后来以科学家卢嘉锡为主编的三十卷本《中国科学技术史》的出版。需要指出的是,中国古代如此的科技辉煌,带给我们的不应当只是一种民族的自豪,而更多的应当是思考这样的科技辉煌从何而来,至近代又如何消失?这样的科技辉煌及其消失,与当时作为中国传统文化主干的儒学有怎样的关系?

二、儒学的特质

关于"儒学",有各种各样的定义和理解。现代人以南宋朱熹确立的"四书"(《大学》《中庸》《论语》《孟子》)为依据,并认为"四书"较多阐释伦理道德,而把儒学定为一种伦理学。其实,儒家经典远不止"四书",还有更为庞大的"五经"(《诗》《书》《礼》《易》《春秋》)。

就"四书"与"五经"关系而言，朱熹说："'四子'[①]，'六经'之阶梯。"[②]由此可见，"四书"只是通向"五经"的阶梯，并不是儒家经典的全部。

"儒学"是儒家的学说。关于儒家，汉代司马迁《史记·太史公自序》所载司马谈《论六家之要旨》指出："夫儒者以'六艺'为法。'六艺'经传以千万数，累世不能通其学，当年不能究其礼……若夫列君臣父子之礼，序夫妇长幼之别，虽百家弗能易也。"《汉书·艺文志》则对"儒家"作了更为全面的概述和界定，指出："儒家者流，盖出于司徒之官；助人君顺阴阳、明教化者也；游文于六经之中，留意于仁义之际，祖述尧、舜，宪章文、武，宗师仲尼，以重其言，于道最为高。"从这段总括性的论述中可以看出，原创儒家有三个主要的特点，这就是：求道，所谓"于道最为高"；为学，所谓"游文于六经之中，留意于仁义之际"；致用，所谓"助人君顺阴阳、明教化者"。这既是儒家的最高追求，也是儒学的基本特质。

首先，儒家重视求道。作为儒学的创始人，孔子一生致力于求道。他说："君子食无求饱，居无求安，敏于事而慎于言，就有道而正焉，可谓好学也已。"（《论语·学而》）又说："君子谋道不谋食；耕也，馁在其中矣；学也，禄在其中矣。"（《论语·卫灵公》）"朝闻道，夕死可矣。"（《论语·里仁》）显然，求道是孔子一生的追求。孔子的"道"主要讲的是为人处世之道，即"人道"。孔子说："君子道者三……仁者不忧；知者不惑；勇者不惧。"（《论语·宪问》）又说："有君子之道四焉：其行己也恭，其事上也敬，其养民也惠，其使民也义。"（《论语·公冶长》）但最重要的是"忠恕之道"。曾子曰："夫子之道，忠恕而已矣。"（《论语·里仁》）所谓"忠恕"，朱熹说："尽己之为忠，推己之为恕。"[③]就是要"己欲立而立人，己欲达而达人"（《论语·雍也》）；"己所不欲，勿施于人"（《论语·卫灵公》）。孔子之道为思孟学派以及后来的《易传》所发挥，从而形成了儒家的"天人合一"之道。思孟学派所著《中庸》曰："君子之道，造端

---

① "四子"，又称"四子书"，即"四书"：《论语》《大学》《中庸》《孟子》。此"四书"是孔子、曾子、子思、孟子的言行录，故合称"四子书"。
② （宋）黎靖德：《朱子语类》（七）卷一百五，中华书局，1986年，第2629页。
③ （宋）朱熹：《四书章句集注》，中华书局，1983年，第72页。

乎夫妇；及其至也，察乎天地。"又说："唯天下至诚，为能尽其性；能尽其性，则能尽人之性；能尽人之性，则能尽物之性；能尽物之性，则可以赞天地之化育；可以赞天地之化育，则可以与天地参矣。"并且认为："仲尼祖述尧、舜，宪章文、武。上律天时，下袭水土。辟如天地之无不持载，无不覆帱。辟如四时之错行，如日月之代明。"孟子说："尽其心者，知其性也。知其性，则知天矣。"（《孟子·尽心上》）《易传》曰："夫大人者，与天地合其德，与日月合其明，与四时合其序，与鬼神合其吉凶。"（《周易·乾·文言》）并且明确提出天道、地道与人道统一的"三才之道"。正因为儒家讲的"道"是人道与天道的统一，是"天人合一"之道，所以，儒家又重视"天"，重视研究天地自然，重视自然知识。更为重要的是，儒家在研究天地自然的过程中，形成了儒家的天道观，即自然观。先秦儒家的自然观主要有思孟学派的阴阳五行自然观和《易传》的自然观，充分表明儒学融合了自然之道。先秦儒家的自然观在宋代理学那里得到了充分的发挥，形成气学自然观和理学自然观。虽然从现代科学的角度看，儒家的自然观并不能算作科学，但是在中国古代，包括阴阳五行自然观在内的儒家自然观一直是科技的思想基础，因而成为中国古代科技的重要组成部分。

其次，儒家重视为学。孔子作为教育家，要求自己和学生有广博的知识。他说："君子博学于文，约之以礼。"（《论语·雍也》）孔子讲"博学"，主张"多闻，择其善者而从之，多见而识之"（《论语·述而》），具有知识论倾向。他不仅要求学习社会文化、伦理道德方面的知识，而且也要求学习自然方面的知识，从而使学生成为"志于道，据于德，依于仁，游于艺"（《论语·述而》）的君子。这里的"游于艺"，就是学习"六艺"，即礼、乐、射、御、书、数，其中的"数"实际上包括了古代的数学知识。因此，"仲尼之徒通六艺者七十余人，未尝不以数学为儒者事"。[①]而且，孔子还要求学生"多识于鸟兽草木之名"（《论语·阳货》）。正因为儒家重视为学，也重视自然知识，先秦儒家自孔子开始就十分重视对古代科技著作的整理和研究。在他们所整理、研究并予以传注的"六经"中，《尧典》《禹贡》《月令》以及《诗经》《周礼》《易传》等都包含了丰富的科技知识（具体内容，

[①] （明）朱载堉：《圣寿万年历·卷首》，文渊阁四库全书。

待后再叙）。先秦儒家把科技知识包容于儒学之中，而这些科技知识事实上成为后世儒家学习和研究科技的知识基础。汉代儒家讲"圣人之于天下，耻一物之不知"，①宋代理学更是强调"博学于文"。朱熹说："上而无极、太极，下而至于一草、一木、一昆虫之微，亦各有理。一书不读，则阙了一书道理；一事不穷，则阙了一事道理；一物不格，则阙了一物道理。须著逐一件与他理会过。"②显然包含了研究天地自然的要求。朱熹的《论语集注·述而》还在诠释孔子"游于艺"时指出："游者，玩物适情之谓。艺，则礼乐之文，射、御、书、数之法，皆至理所寓，而日用之不可阙者也。"③《论语或问·述而》说："名物度数，皆有至理存焉，又皆人所日用而不可无者。游心于此，则可以尽乎物理，周于世用。"④显示出儒家对于自然知识的重视。

再次，儒家重视致用。孔子重人道、重学问，最后又落实到致用上。在为政方面，孔子讲"道之以德，齐之以礼"（《论语·为政》），讲道德教化；同时也讲"因民之所利而利之"（《论语·尧曰》），讲利民。据《论语·子路》载，孔子到卫国，子曰："庶矣哉！"冉有曰："既庶矣，又何加焉？"曰："富之。"曰："既富矣，又何加焉？"曰："教之。"这就是所谓"富而教之"。要"富之"，在当时就是要发展农业生产，当然也就离不开农业科技。孔子说："道千乘之国，敬事而信，节用而爱人，使民以时。"（《论语·学而》）这里所谓"使民以时"中的"时"指农时，即要求百姓按照农时从事农业生产。这一思想实际上成为后来孟子"仁政"思想的重要内容。孟子认为，施行仁政，首先要"制民之产"。他说："明君制民之产，必使仰足以事父母，俯足以畜妻子，乐岁终身饱，凶年免于死亡。然后驱而之善，故民之从之也轻。"（《孟子·梁惠王上》）因而要发展农业生产，要"不违农时"："不违农时，谷不可胜食也；数罟不入洿池，鱼鳖不可胜食也；斧斤以时入山林，材木不可胜用也；谷与鱼鳖不可胜食，材木不可胜用，是使民养生丧死无憾也；养生丧死无憾，王道之始也"（《孟子·梁惠王

---

① （汉）扬雄：《扬子法言》卷十二《君子》，四部丛刊初编。
② （宋）黎靖德：《朱子语类》（一）卷十五，中华书局，1986年，第295页。
③ （宋）朱熹：《四书章句集注》，中华书局，1983年，第94页。
④ （宋）朱熹：《四书或问·论语或问》，朱杰人等：《朱子全书》（六），上海古籍出版社、安徽教育出版社，2002年，第741页。

上》）。在孟子看来，讲"仁政"，就要发展农业生产，当然也就离不开发展农业科技。儒家讲民本，最终又落实到发展农业、发展农业科技上；而要发展农业，还要研究天文学、地理学以及数学等。这表明儒家本身就具有发展科技的内在要求。在中国古代科技体系中，农业科技以及与之相关的实用科技发展较快，其原因概在于此。明清之际，经世致用之学大兴。顾炎武讲"修己治人之实学"，[①]指出："君子博学于文，自身而至于家国天下，制之为度数，发之为音容，莫非文也。"[②]显然，在顾炎武那里，科技知识也是"实学"的重要内容。

儒家对于道、学、用的追求，以及其中所包含的对于自然知识的重视和研究，构成了儒学的特质。正因为如此，儒学除了包含大量作为主要内容的道德知识，还包含了政治、经济、教育、文学艺术以及社会生活诸多方面的知识，甚至也包含了自然知识以及科技知识，这就是儒学的科技内涵。

三、儒学与科技的关系

虽然儒学具有科技的内涵，但是在儒学体系中，科技只是其中不可缺少的一个部分，并不占据主导地位。虽然儒家也需要研究天地自然，但是，这种研究本身并不是最终的目的，而只是儒家最终把握"形而上之道"、实现道德教化乃至治国平天下的一种手段。因此，对于儒家来说，科技既不是可有可无，也不是最为重要的。

儒家并不反对科技，不像老子《道德经》所谓"有什伯之器而不用"。据《庄子·天地》所述，孔子的弟子子贡看见一位菜农挖了一个隧道通到井里，打水给菜地灌溉，"用力甚多而见功寡"。子贡向他介绍了一种木制机械"槔"，可以"一日浸百畦，用力甚寡而见功多"。这位菜农生气而笑着说："有机械者必有机事，有机事者必有机心。机心存于胸中则纯白不备。纯白不备则神生不定，神生不定者，道之所不载也。"意思是说，有了机械，就会有

---

① （明）顾炎武：《日知录》卷七《夫子之言性与天道》，文渊阁四库全书。
② （明）顾炎武：《日知录》卷七《博学于文》，文渊阁四库全书。

投机取巧之事，就会有投机取巧之心，因而不能使心灵纯洁清白，就会心神不定，而这是"道"所不容许的。显然，庄子与儒家对于科技有着不同的看法，而在庄子看来，儒家是讲科技的。然而，儒家并不把科技摆在首要的位置上。尤其是当科技与儒学发生矛盾时，当需要对科技与儒学的重要性作出比较和权衡时，科技往往处在次于儒学的地位。正因为如此，儒家对于科技的态度往往会受到今天推崇科技的人们的误解。

19世纪末20世纪初，中国社会开始了从传统向现代转型。一些学者把现代与传统对立起来，把代表传统的儒家文化与代表现代的西方科学对立起来，不仅认为中国传统没有科学，而且把中国传统没有科学的原因归咎于儒学。1922年，冯友兰在美国留学期间发表《为什么中国没有科学——对中国哲学的历史及其后果的一种解释》，其中说："中国没有科学，是因为在一切哲学中，中国哲学是最讲人伦日用的。"① 在这里，冯友兰以道德与科学对立的观点阐述中国没有科学的原因，实际上是把儒学与科学对立起来。

李约瑟的《中国科学技术史》虽然认为中国古代有高度发展的科技，但仍然把儒学与科学对立起来，认为儒家对于科学的贡献"几乎全是消极的"，② 还说："在整个中国历史上，儒家反对对自然进行科学的探索，并反对对技术作科学的解释和推广。"③ 又说："儒家有两种根本自相矛盾的倾向，一方面它助长了科学的萌芽，一方面又使之受到损害。"④ 所谓"助长了科学的萌芽"，主要是指儒家发展教育以及孔子在知识论上倡导理性精神；至于使科学"受到损害"，首要的证据是孔子反对"樊迟学稼"。

据《论语·子路》记载：樊迟请学稼。子曰："吾不如老农。"请学为圃。曰："吾不如老圃。"樊迟出。子曰："小人哉，樊须也！上好礼，则民莫敢不敬；上好义，则民莫敢不服；上好信，则民莫敢不用情。夫如是，则四

①冯友兰：《为什么中国没有科学——对中国哲学的历史及其后果的一种解释》，《三松堂全集》第十一卷，河南人民出版社，2000年，第51页。
②（英）李约瑟：《中国科学技术史》第二卷《科学思想史》，科学出版社、上海古籍出版社，1990年，第1页。
③（英）李约瑟：《中国科学技术史》第二卷《科学思想史》，科学出版社、上海古籍出版社，1990年，第8页。
④（英）李约瑟：《中国科学技术史》第二卷《科学思想史》，科学出版社、上海古籍出版社，1990年，第12页。

方之民襁负其子而至矣；焉用稼！"关于孔子反对樊迟学稼，三国时期何晏的《论语集解》引包氏言："礼义与信足以成德，何用学稼以教民乎？"北宋邢昺的《论语注疏》也说："夫礼义与信足以成德化民，如是，则四方之民感化自来，皆以襁器背负其子而至矣，何用学稼以教民乎？"[①]他们都认为孔子反对樊迟学稼是因为在孔子看来，学稼与成德无关。因此，孔子反对樊迟学稼只能理解为儒家坚持以伦理道德为主要目的和内容的教育，反对学生学习与此无关的知识。元代儒家学者陈天祥在解释孔子反对樊迟学稼时指出："夫子尝鄙樊迟学稼之问，故以农圃为小道，此正未尝以意逆志也。盖樊迟在夫子之门，不问其所当问，而以农圃之事问于夫子，夫子以是责之耳，非以农为不当为也。"[②]认为孔子反对樊迟学稼只是责备樊迟"不问其所当问"，并不存在鄙视农业、鄙视农业科技的问题。由此可见，孔子反对樊迟学稼，并不等于否定农业科技对于当时社会发展的重要性，不能由此得出孔子鄙视科技的结论。

李约瑟《中国科学技术史》在把儒学与科学对立起来的同时，对道家、道教与科学的关系予以正面的回答，指出："道家对自然界的推究和洞察完全可与亚里士多德以前的希腊思想相媲美，而且成为整个中国科学的基础。"[③]又说："道家哲学虽然含有政治集体主义、宗教神秘主义以及个人修炼成仙的各种因素，但它却发展了科学态度的许多最重要的特点，因而对中国科学史是有着头等重要性的。此外，道家又根据他们的原理而行动，由此之故，东亚的化学、矿物学、植物学、动物学和药物学都起源于道家。"[④]这里所谓"道家"，更多的是指以道家哲学为基础的道教。李约瑟对于道教与科学关系的评价虽有夸大之嫌，但是道教的确在化学、医药学以及天文学等诸多领域有过重要的贡献。问题是，虽然早期道家对于儒家多有批评，但儒道两家并非势不两立；后来的道教在科技的诸多领域确实有过重要的贡献，但道教大量吸取了儒家思想。同样，儒家也大量吸取了道家思想。所以，道家、道教对于古代科学发展

---

① （宋）邢昺：《论语注疏》卷十三，（清）阮元校刻：《十三经注疏》，中华书局，1980年，第2506页。

② （元）陈天祥：《四书辨疑》卷八《子张第十九》，文渊阁四库全书。

③ （英）李约瑟：《中国科学技术史》第二卷《科学思想史》，科学出版社、上海古籍出版社，1990年，第1页。

④ （英）李约瑟：《中国科学技术史》第二卷《科学思想史》，科学出版社、上海古籍出版社，1990年，第175页。

有积极作用，并不能说明儒学对于科学"几乎全是消极的"。

儒家反对"奇技淫巧"。《礼记·王制》说："作淫声、异服、奇技、奇器以疑众，杀。"其实，这里的"奇技""奇器"或"奇技淫巧"是有所指的，主要是指那些无益于国计民生的、蛊惑人心或只是取悦于人的技法，并不是指所有的科技。当然，不排除有些科技的东西被历史上的某些儒家学者视作"奇技淫巧"。与此同时，也有一些儒家学者明确反对把科技视作"奇技淫巧"。明清之际的儒家学者李光地反对把西方人的科技视作"奇技淫巧"。他说："西洋人不可谓之奇技淫巧，盖皆有用之物，如仪器、佩觿、自鸣钟之类。《易经》自庖牺没，神农作；神农没，尧舜作，张大其词，却说及作舟车、耒耜、杵臼、弧矢之类，可见工之利用极大。"① 因此，笼统地说儒家视科技为"奇技淫巧"是不符合事实的。

此外，还有所谓儒家"重道轻艺"之说。如果就比较和权衡"道"与"技艺"孰重孰轻而言，儒家的确如此；但如果以此认为儒家轻视甚至反对"技艺"，显然是一种误解。"重道轻艺"中的"轻"并非指轻视之"轻"，而是在对"道"和"艺"二者进行比较权衡时的轻重之"轻"，是相对而言的。与此相类似，还有"玩物丧志""雕虫小技"之类的说法，都只是表明儒家视道德重于科技。应当说，儒家并不反对学习科技知识，而只是反对弃道德而一味地沉迷于科技之中。

儒学与科技的关系是一个颇多争议的问题，主要原因之一在于，儒学较多地关注人、关注伦理道德，因此，儒学中某些言论和思想往往容易被误解为只重视人、只重视伦理道德，而与科技相对立。需要指出的是，重视人、重视伦理道德与重视科技，这两者本身并不是对立的。儒学较多地重视人、重视伦理道德，同样也重视科技，因而也研究科技，具有科技的内涵，这不是二分法的逻辑问题，而是一个需要用历史事实予以验证的问题，一个需要对历史文献资料作出实事求是分析的问题。因此，从历史事实出发，根据历史文献资料具体地分析儒学与科技的关系，这是理解儒学与科技关系的重要途径，同时又是理解儒学与科技关系的关键之所在。

---

① （清）李光地：《榕村语录》卷十四，中华书局，1995年，第253页。

第二章

儒家经学与古代科技

　　儒家经学是儒学之根本，这是不可置疑的。探讨儒学与科技的关系，最根本的是要探讨儒家经学与科技的关系。中国古代曾有过非常辉煌的科学技术，在我们为之赞叹不已的同时，是否可曾想过它来源于哪里，与作为儒学之根本的经学又是怎样的关系？

一、儒家经典的形成

（一）"五经"的形成

　　儒家是由春秋末期的教育家、思想家孔子创立的。孔子"十有五而志于学，三十而立"，并开始授徒讲学；晚年，整理上古时代遗留下来的文化典籍。对此，西汉司马迁《史记·孔子世家》作了记叙："孔子之时，周室微而礼乐废，《诗》《书》缺。追迹三代之礼，序《书·传》，上纪唐、虞之际，下至秦缪，编次其事……故《书·传》《礼·记》自孔氏。""古者《诗》三千余篇，及至孔子，去其重，取可施于礼义……三百五篇，孔子皆弦歌之，以求合《韶》《武》《雅》《颂》之音，礼乐自此可得而述，以备王道，成六艺。""孔子晚而喜《易》，序《彖》《系》《象》《说卦》《文言》。读《易》，韦编三绝。""孔子以《诗》《书》《礼》《乐》教，弟子盖三千焉，身通六艺者七十有二人。""子曰：'弗乎弗乎，君子病没世而名不称焉。吾道不行矣，吾何以自见于后世哉？'乃因史记作《春秋》，上至隐公，下讫哀公十四年，十二公。据鲁，亲周，故殷，运之三代。"由此可见，孔子曾通过对前人的各种重要文献加以重新整理编次，形成了《诗》《书》《礼》《乐》《易》《春秋》六种教本，以教授弟子。其中，《诗》305篇，是对前人所留下的《诗》3000余篇经过"去其重"而形成；《书》是对前人的《书》经过"序《书·传》"、"编次其事"而形成；《礼》是通过"追迹三代之礼"并作《礼·记》而形成；《乐》是对《诗》305篇配以音乐而形成；

《易》是通过对前人所留下的《易》进行整理并为之作传而形成；《春秋》则为孔子所作。

孔子之后，所编《诗》《书》《礼》《乐》《易》《春秋》据说多数是由弟子卜商（子夏）传授的。据《后汉书》所载，东汉大臣徐防上疏曰："臣闻《诗》《书》《礼》《乐》，定自孔子；发明章句，始于子夏。"（《后汉书·徐防列传》）其中《易》由弟子商瞿（子木）所传授，据《史记》记载："孔子传《易》于瞿，瞿传楚人馯臂子弘……。"（《史记·仲尼弟子列传》）而《春秋》则在春秋末年由鲁国史官左丘明传为《春秋左氏传》。

战国时期，孔子所整理编修的一些重要典籍已被称为"经"。据《庄子·天运》记载，孔子谓老子曰："丘治《诗》《书》《礼》《乐》《易》《春秋》六经，自以为久矣。"《庄子·天下》还对"六经"之义作了概述："《诗》以道志，《书》以道事，《礼》以道行，《乐》以道和，《易》以道阴阳，《春秋》以道名分。"

秦始皇"焚书坑儒"，孔子所编《诗》《书》《礼》《乐》《春秋》多被焚毁，"《易》为筮卜之书，独不禁，故传受者不绝"（《汉书·儒林传》）。当然，仍有孔子后人"藏其家书于屋壁"。[①]

汉武帝接受董仲舒的建议，"罢黜百家，独尊儒术"，儒家经典受到了推崇；"六经"中，除《乐》已失传外，《诗》《书》《礼》《易》《春秋》均立博士，从此确立了"五经"作为官学的独尊地位。《汉书·儒林传》曰："自武帝立'五经'博士，开弟子员，设科射策，劝以官禄，讫于元始，百有余年，传业者寖盛，支叶蕃滋，一经说至百余万言，大师众至千余人，盖禄利之路然也。"

汉初传《诗》者主要分为三家：鲁人申公（申培公）受《诗》于荀子门人浮丘伯，所传称《鲁诗》；齐人辕固生所传称《齐诗》；燕人韩婴所传称《韩诗》。三家均立于学官。

传《书》（《尚书》）者主要有齐人伏生，伏生授欧阳生及张生。欧阳生授兒宽，兒宽授欧阳生之子，其后世代相传而有欧阳氏学。张生授夏侯都尉，又授夏侯始昌，再授夏侯胜，而有大夏侯氏学；夏侯胜又授夏侯建，而有

---

① （汉）孔安国：《尚书·序》，（清）阮元校刻：《十三经注疏》，中华书局，1980年，第115页。

小夏侯氏学。欧阳氏学以及大、小夏侯氏学均立于学官。

　　传《礼》者主要有鲁人高堂生，所传为现存的《仪礼》。后又有鲁人徐生，为礼官大夫，徐生弟子萧奋传孟卿，再传后仓，后仓传人通汉、戴德、戴圣、庆普。戴德号大戴，戴圣号小戴，于是《礼》有大戴、小戴、庆氏之学。三家均立于学官。

　　传《易》者主要有齐人田何，田何传于丁宽，丁宽传于田王孙，田王孙传于施雠、孟喜和梁丘贺。此三家均立于学官。又有梁人焦延寿，自称学于孟喜；焦延寿传于京房，亦立于学官。

　　传《春秋》者主要有齐人胡母生、赵人董仲舒和鲁人申公。据唐人徐彦《春秋公羊传注疏·序》所述，孔子弟子子夏传《春秋》于公羊高，四传而至公羊寿。汉景帝时，公羊寿与其弟子胡母生著《公羊传》于竹帛，并传于董仲舒。董仲舒传于嬴公，再传睘孟，睘孟传于严彭祖、颜安乐。又据唐人杨士勋《春秋穀梁传注疏·序》所述，孔子弟子子夏传《春秋》于鲁人穀梁俶（一名赤）而有《穀梁传》，后传于荀子，荀子授申公。《公羊传》和《穀梁传》先后立于学官。

　　除了立于学官的经书，民间也有私相传习的经书。前者大都是用汉代通行的隶书写成，称今文经；后者则是用先秦古文字写成，称古文经。古文经主要有：赵人毛公所传《毛诗》；孔安国所献《古文尚书》《礼记》；河间献王刘德从民间所得《周官》；东莱人费直所传《费氏易》；左丘明所撰《左氏春秋》。

　　汉哀帝时，受诏领校"五经"的刘歆欲将《左氏春秋》《毛诗》《逸礼》《古文尚书》皆列于学官，为诸儒所怨恨。东汉光武帝时，尚书令韩歆要求为《费氏易》和《左氏春秋》立博士，最终仍未能成功。东汉章帝特好《古文尚书》《左氏传》。建初元年（76年），诏贾逵阐发《左氏传》大义长于《公羊传》《穀梁传》；后来，又诏令贾逵撰欧阳、大小夏侯《尚书》与古文的同异，复令贾逵撰齐、鲁、韩《诗》与《毛诗》的异同，并作《周官解诂》。建初八年（83年），章帝诏诸儒各选高材生，授《左氏》《穀梁春秋》《古文尚书》《毛诗》，从此，古文经日益受到重视。

　　东汉末年，古文经的影响越来越大，甚至超过了今文经。以古文经为宗的大儒郑玄遍注群经，《后汉书·郑玄列传》说："凡玄所注《周易》《尚书》《毛诗》《仪礼》《礼记》……凡百余万言。"重要的是，郑玄注经，打破今、古文经学的门户之见，杂糅诸家，兼收并蓄，融古文经、今文经为一炉，而自成一家之言。注《易》用的是《费氏易》；注《尚书》用《古文尚书》，并兼采今古文；笺《诗》以《毛诗》为主，兼采今古文；注《仪礼》并存今古文。此后，郑玄所注，大行其道。

（二）从"五经"到"十三经"

儒家经典在确立的过程中，不仅有今文经与古文经之别，而且各经典的排列次序和篇目也发生着变化。如前所述，战国时期《庄子·天运》所言"六经"的次序为：《诗》《书》《礼》《乐》《易》《春秋》。西汉时期，董仲舒《春秋繁露·玉杯》说："君子知在位者之不能以恶服人也，是故简六艺以赡养之。《诗》《书》序其志，《礼》《乐》纯其美，《易》《春秋》明其知。六学皆大，而各有所长。"司马迁《史记·儒林列传》说："……自是之后，言《诗》，于鲁则申培公，于齐则辕固生，于燕则韩太傅。言《尚书》，自济南伏生。言《礼》自鲁高堂生。言《易》，自淄川田生。言《春秋》，于齐、鲁自胡母生，于赵自董仲舒。"显然，在汉初，"五经"的次序与战国时期大致一样，为：《诗》《书》《礼》《易》《春秋》。

汉哀帝时，刘歆编成《七略》，其中在"六艺略"中，"六经"的次序为：《易》《书》《诗》《礼》《乐》《春秋》。《易》为"六经"之首。东汉班固《汉书·艺文志》本于刘歆的"六经"次序。而且，《汉书·儒林传》还将以上司马迁《史记·儒林列传》所述改为："汉兴，言《易》，自淄川田生。言《书》，自济南伏生。言《诗》，于鲁则申培公，于齐则辕固生，于燕则韩太傅。言《礼》则鲁高堂生，言《春秋》，于齐则胡母生，于赵则董仲舒。"可见，东汉"五经"的次序已经变为：《易》《书》《诗》《礼》《春秋》。之所以会形成这样的排列次序，与汉代学者所认为的各部经典产生的时代有关。经学史家周予同说："以《易经》的八卦是伏羲画的，所以《易》列在第一；《书》经中最早的篇章是《尧典》，较伏羲为晚，所以列在第二；《诗经》中最早的是《商颂》，较尧舜又晚，所以列在第三；礼、乐是周公制作的，在商之后，所以列在第四、第五；《春秋》是鲁史，经过孔子的修改，所以列在末了。"①

东汉熹平四年（175年），蔡邕"以经籍去圣久远，文字多谬，俗儒穿凿，疑误后学"，奏求正定"六经"文字，获准许后，乃自书册于碑，使工镌刻，立于太学门外。（《后汉书·蔡邕列传》）后称"熹平石经"，因统一用隶书字体书写，故又称"一字石经"。据《隋书·经籍志》记载，"后汉镌刻七经，著于石碑，皆蔡邕所书"，有：《一字石经周易》一卷、《一字石经尚书》六卷、《一字石经鲁诗》六卷、《一字石经仪礼》九卷、《一字石经春秋》一卷、《一字石经公羊传》九卷、《一字石经论语》一卷。显然，东汉末年，儒家经典除《易》《书》《诗》《礼》《春秋》之外，还有《公羊传》《论语》。

《论语》是孔子的弟子及再传弟子编写的记录孔子及其弟子言行的语录文本。《论语》传至西汉，主要有三家：鲁人所传《鲁论语》20篇；齐人所传《齐论语》22篇；孔安国所献《古论语》21篇。汉成帝时期，张禹以《鲁论语》为基础，综合《齐论语》，编成《张侯论》，而行于世。东汉时期，包咸、周氏为《张侯论》作注，列于学官。东汉末，郑玄参考《齐论语》《古论语》，对《鲁论语》作了校正，并为之作注。三国时期，魏国何晏集诸家之说编写成《论语集解》，流传至今。

唐代有"九经"。据《新唐书·选举志》记载，唐代科举考试，在"明经"科中，"凡《礼记》《春秋左氏传》为大经，《诗》《周礼》《仪礼》为中经，《易》《尚书》《春秋公羊传》《穀梁传》为小经"。这里的"九经"较以往增加了《礼记》《周礼》。

《礼记》，即《小戴礼记》。郑玄为《礼记》作注，唐代孔颖达《礼记正义·序》据郑玄《六艺论》，说："《六艺论》云'今礼行于世者，戴德、戴圣之学也'，又云'戴德传《记》八十五篇'，则《大戴礼》是也；'戴圣传《礼》四十九篇'，则此《礼记》是也。"②此外，陆德明《经典释文·序录》引晋陈邵《周礼论序》所说："戴德删古礼二百四篇为八十五篇，谓之《大戴礼》，戴圣删《大戴礼》为四十九篇，是为《小戴礼》。"

---

① 周予同：《中国经学史讲义》，上海文艺出版社，1999年，第19～20页。
② （唐）孔颖达：《礼记正义·序》，（清）阮元校刻：《十三经注疏》，中华书局，1980年，第1226页。

19

《周礼》，原名《周官》，为河间献王刘德从民间所得。东汉荀悦《汉纪·前汉孝成皇帝纪》说："歆以《周官》十六篇为《周礼》。王莽时，歆奏，以为礼经，置博士。"认为刘歆将《周官》改为《周礼》，以作为礼经。东汉末，郑玄为《周礼》作注。

唐代陆德明《经典释文·序录》列"九经"为：《周易》《古文尚书》《毛诗》、"三礼"（《周礼》《仪礼》《礼记》）、《春秋》《孝经》《论语》。这里又把《孝经》列为"经"。

《孝经》，据陆德明《经典释文·序录》所述，为河间人颜芝所藏，其子颜贞所献。又有《古文孝经》出于孔氏壁中，孔安国作传，后汉马融作《古文孝经传》，而世不传；所通行的是《郑注孝经》，被认为是郑玄所作。后来，唐玄宗李隆基注《孝经》，并刻于石碑，即"石台孝经"。

唐文宗开成二年（837年），用楷书书写而刻成的石经，称"唐石经"或"开成石经"，有《周易》《尚书》《诗经》《周礼》《仪礼》《礼记》《春秋左氏传》《公羊传》《穀梁传》《孝经》《论语》《尔雅》"十二经"。这里把《尔雅》列为"经"。

《尔雅》，最早著录于《汉书·艺文志》，据陆德明《经典释文·序录》所载，汉武帝时有犍为文学的《尔雅注》。后来又有多人注《尔雅》，"唯郭景纯（郭璞）洽闻强识，详悉古今，作《尔雅注》，为世所重"。

宋代，《孟子》日益受到重视。关于《孟子》，据《史记·孟子荀卿列传》记载："孟轲，邹人也，受业子思之门人……退而与万章之徒序《诗》《书》，述仲尼之意，作《孟子》七篇。"东汉赵岐注《孟子》，为后世所重视，至宋代，《孟子》列为"经"。于是，继唐"十二经"之后，有了"十三经"。至南宋，又出现了《十三经注疏》，有：1.《周易正义》10卷，（魏）王弼、韩康伯注，（唐）孔颖达等正义；2.《尚书正义》20卷，（汉）孔安国传，（唐）孔颖达等正义；3.《毛诗正义》70卷，（汉）毛公传，郑玄笺，（唐）孔颖达等正义；4.《周礼注疏》42卷，（汉）郑玄注，（唐）贾公彦疏；5.《仪礼注疏》50卷，（汉）郑玄注，（唐）贾公彦疏；6.《礼记正义》63卷，（汉）郑玄注，（唐）孔颖达等正义；7.《春秋左传正义》60卷，（晋）杜预注，（唐）孔颖达等正义；8.《春秋公羊传注疏》28卷，（汉）何休注，（唐）徐彦疏；9.《春秋穀梁传注疏》20卷，（晋）范宁注，（唐）杨士勋疏；10.《论语注疏》20卷，（魏）何晏等注，（宋）邢昺疏；11.《孝经注疏》9卷，（唐）玄宗明皇帝御注，（宋）邢昺疏；12.《尔雅注疏》10卷，（晋）郭璞注，（宋）邢昺疏；13.《孟子注疏》14卷，（汉）赵岐注，（宋）孙奭疏。

（三）"四书"的形成

宋代儒家以"为天地立心，为生民立命，为往圣继绝学，为万世开太平"为己任，[①] 创理学；南宋朱熹集理学之大成，把儒学推向新的高峰。

朱熹一生研究领域之广泛，著述之繁多，于儒家经典最为用功。他编注群经，于《易》，撰《周易本义》；于《书》，曾令弟子蔡沈作《书集传》，并予多方指导；于《诗》，撰《诗集传》；于《礼》，撰《仪礼经传通解》，"以《仪礼》为经，而取《礼记》及诸经史杂书所载有及于礼者，皆以附于本经之下，具列注疏、诸儒之说，略有端绪"；[②] 于《春秋》，虽无作专门注释，但对《春秋》及"三传"多有评述；于《论语》，撰《论语集注》；于《孝经》，撰《孝经刊误》；于《孟子》，撰《孟子集注》。重要的是，朱熹还专门为《礼记》的《大学》《中庸》作注，而撰《大学章句》《中庸章句》，并与《论语集注》《孟子集注》合为《四书章句集注》。

宋绍熙元年（1190年），朱熹知漳州期间，刊刻了"四经"（《易》《诗》《书》《春秋》）和"四子书"（《大学》《论语》《中庸》《孟子》），并撰《书临漳所刊四子后》，指出："欲求道以入德者……必先使之用力乎《大学》《论语》《中庸》《孟子》之书，然后及乎六经。盖其难易、远近、大小之序，固如此而不可乱也。故今刻四古经而遂及乎此四书者，以先后之。"[③]"四书"由此得名。

朱熹对"四书"的次序以及与"五经"的关系多有论述。他认为，读"四书"应当"先读《大学》，以定其规模；次读《论语》，以立其根本；次读《孟子》，以观其发越；次读《中庸》，以求古人之微妙处"。[④] 他还

---

① （清）黄宗羲、全祖望：《宋元学案》（一）卷十七《横渠学案上》，中华书局，1986年，第664页。
② （宋）朱熹：《晦庵先生朱文公文集》卷十五《乞修三礼札子》，四部丛刊初编。
③ （宋）朱熹：《晦庵先生朱文公文集》卷八十二《书临漳所刊四子后》，四部丛刊初编。
④ （宋）黎靖德：《朱子语类》（一）卷十四，中华书局，1986年，第249页。

说："盖不先乎《大学》，无以提挈纲领而尽《论》《孟》之精微；不参之以《论》《孟》，无以融贯会通而极《中庸》之归趣；然不会其极于《中庸》，则又何以建立大本，经纶大经，而读天下之书，论天下之事哉！"①显然，在朱熹看来，"四书"的次序应当为：《大学》《论语》《孟子》《中庸》。关于"四书"与"五经"的关系，朱熹则强调"四书"乃"'六经'之阶梯"。他甚至说："《语》《孟》工夫少，得效多；'六经'工夫多，得效少。"②并且还引述程颐所说："学者当以《论语》《孟子》为本。《论语》《孟子》既治，则'六经'可不治而明矣。"③

据《宋史·朱熹列传》记载，朱熹晚年，受政治诬陷，监察御史沈继祖"诬熹十罪"，而遭"落职罢祠"，被列为"伪学""逆党"。宋代末年，朱熹得以平反昭雪，宋朝廷"诏赐熹遗表恩泽，谥曰文。寻赠中大夫，特赠宝谟阁直学士。理宗宝庆三年（1227年），赠太师，追封信国公，改徽国"，后来又诏从祀孔子庙。

元代仁宗于皇庆二年（1313年）下诏科举考试。据《元史·选举志》所载诏书规定："考试程式：蒙古、色目人，第一场经问五条，《大学》《论语》《孟子》《中庸》内设问，用朱氏章句集注。其义理精明，文辞典雅者为中选……汉人、南人，第一场明经、经疑二问，《大学》《论语》《孟子》《中庸》内出题，并用朱氏章句集注，复以己意结之，限三百字以上；经义一道，各治一经，《诗》以朱氏为主，《尚书》以蔡氏为主，《周易》以程氏、朱氏为主，以上三经，兼用古注疏，《春秋》许用'三传'及胡氏《传》，《礼记》用古注疏，限五百字以上，不拘格律。"明初科举考试，专取"四书""五经"命题，据《明史·选举志二》记载，"初场试'四书'义三道，经义四道。'四书'主朱子《集注》，《易》主程《传》、朱子《本义》，《书》主蔡氏《传》及古注疏，《诗》主朱子《集传》，《春秋》主左氏、公羊、穀梁三传及胡安国、张洽传，《礼记》主古注疏。"明永乐十二年（1414年），明成祖朱棣命胡广等人修《五经四书大全》，次年告成。此后，"四

---

① （宋）朱熹：《四书或问·大学或问》，朱杰人等：《朱子全书》（六），上海古籍出版社、安徽教育出版社，2002年，第515页。

② （宋）黎靖德：《朱子语类》（二）卷十九，中华书局，1986年，第428页。

③ （宋）朱熹：《四书章句集注》，中华书局，1983年，第44页。

书"与"五经"并称，而成为儒家经典，流传至今。

二、儒家经典中的科技知识

在以往的中国科技史研究中，儒家经典中的科技知识作为中国古代科技的重要来源和组成部分，已经得到了一定程度的发掘和整理。无论是李约瑟的七卷本《中国科学技术史》，还是卢嘉锡主编的三十卷本《中国科学技术史》，其中都有不少文献资料来源于儒家经典，从而证明了儒家经典中包含着丰富的科技知识。

（一）《周易》中的科技思想

《周易》原为卜筮之书，但经过孔子以及后来儒家的诠释而有了《易传》之后，成了以天地阴阳为根本，融天道、地道、人道于一体，广大悉备的儒家经典。《周易·系辞上》说"《易》与天地准，故能弥纶天地之道"；"范围天地之化而不过，曲成万物而不遗"。《四库全书总目·易类》指出："《易》之为书，推天道以明人事者也……易道广大，无所不包，旁及天文、地理、乐律、兵法、韵学、算数，以逮方外之炉火，皆可援易以为说。"显然，《周易》也包含着丰富的科技思想。其中主要有：

1.万物源于太极、阴阳的宇宙观

《周易》认为，天地万物乃至整个宇宙有一个发生、发展的过程。《周易·系辞上》说：

> 易有太极，是生两仪，两仪生四象，四象生八卦。

这里所说的，既是八卦的生成，又是宇宙万物的生成。《周易》认为，宇宙最初是浑然一体的"太极"，这是宇宙的开端。从此出发，太极分而为二：阳爻"—"和阴爻"‐‐"，这就是"两仪"，即天和地，或阳和阴；天地阴阳产生之后，相互作用，产生"四象"：太阳"⚌"、太阴"⚏"、少阳"⚎"、少阴"⚍"，即夏、冬、春、秋四时；四象进而产生"八卦"：乾"☰"、坤"☷"、震"☳"、巽"☴"、坎"☵"、离"☲"、艮

"☵"、兑"☱"，即天、地、雷、风、水、火、山、泽八种自然元素。《周易·说卦》还说"动万物者，莫疾乎雷；桡万物者，莫疾乎风；燥万物者，莫熯乎火；说万物者，莫说乎泽；润万物者，莫润乎水；终万物始万物者，莫盛乎艮。"认为这八种元素是自然界中最为基本的。

《周易》不仅认为天地自然、万事万物最终都源于统一的"太极"，而且还进一步认为，天、地、雷、风、水、火、山、泽这八种自然界的基本元素在相互作用下，不断生成新事物，新旧更替，生生不息，这就是"日新之谓盛德，生生之谓易"。《周易·系辞上》说：

刚柔相摩，八卦相荡，鼓之以雷霆，润之以风雨，日月运行，一寒一暑。

《周易·系辞下》说：

日往则月来，月往则日来，日月相推而明生焉。寒往则暑来，暑往则寒来，寒暑相推而岁成焉。往者屈也，来者信也，屈信相感而利生焉。

在《周易》看来，自然界的万事万物都处在不断的变化之中，变化是自然界一切事物所共同具有的根本特征。

《周易》不仅论述了宇宙的生成和自然界万事万物的变化，而且进一步认为，其变化是有规律的，这就是《周易·系辞上》所谓的"形而上者谓之道；形而下者谓之器；化而裁之谓之变；推而行之谓之通"，认为事物的变化之道存在于具体事物之上，这就是"仁者见之谓之仁，知者见之谓之知，百姓日用而不知"的"一阴一阳之谓道"，即阴阳的相互联系和相互作用是一切事物变化所共同遵循的根本法则。《周易·系辞下》说："天地絪缊，万物化醇；男女构精，万物化生。"认为宇宙万物都是由阴阳二气相互作用化生而成的。《周易·说卦》还说："水火相逮，雷风不相悖，山泽通气，然后能变化，既成万物也。"认为自然界万事万物的生成和变化都是事物的阴阳相互作用的结果。

在讲"一阴一阳之谓道"的同时，《周易》还通过易数阐释天地的阴阳变化，即《周易·系辞上》所说："天一，地二，天三，地四，天五，地六，天七，地八，天九，地十。天数五，地数五，五位相得，而各有合。天数二十有五，地数三十，凡天地之数五十有五，此所以成变化而行鬼神也。"并且还用揲蓍之法"大衍之数五十,其用四十有九……"予以说明。

2.阴阳八卦的自然结构论

《周易》不仅描述了一个以太极为根源,以阴阳为法则,并由此产生出天地、四时、八种自然界的基本元素,进而化生万物的生生不息的自然体系,而且还进一步以天、地、雷、风、水、火、山、泽八种自然元素为基础构建自然万物的结构,把自然万物分为八类,与八卦一一对应。《周易·说卦》说:

乾,健也;坤,顺也;震,动也;巽,入也;坎,陷也;离,丽也;艮,止也;兑,说也。

乾为马,坤为牛,震为龙,巽为鸡,坎为豕,离为雉,艮为狗,兑为羊。

乾为首,坤为腹,震为足,巽为股,坎为耳,离为目,艮为手,兑为口。

乾天也,故称乎父;坤地也,故称乎母。震一索而得男,故谓之长男;巽一索而得女,故谓之长女;坎再索而得男,故谓之中男;离再索而得女,故谓之中女;艮三索而得男,故谓之少男;兑三索而得女,故谓之少女。

乾为天、为圜、为君、为父、为玉、为金……坤为地、为母、为布、为釜……震为雷、为龙、为玄黄……巽为木、为风、为长女、为绳直……坎为水、为沟渎、为隐伏、为矫輮、为弓轮……离为火、为日、为电、为中女、为甲胄、为戈兵……艮为山、为径路、为小石、为门阙、为果蓏……兑为泽、为少女、为巫、为口舌、为毁折、为附决……。

《周易》把自然界万事万物与八卦对应起来,实际上建立了自然界阴阳八卦的结构论体系,以说明自然界万事万物的统一性、同构性以及相互作用、相互依赖。

3.天、地、人统一的"三才之道"

《周易》不仅把自然界的产生与发展描述成一个太极生天地、天地生四时,进而产生出八种自然界基本元素,以至产生出自然界万事万物的过程,而且还进一步从自然界的演化推展出人类社会,描述了人类、社会以及伦理道德的产生和发展。《周易·序卦》说："有天地，然后有万物；有万物，然后有男女；有男女，然后有夫妇；有夫妇，然后有父子；有父子，然后有君臣；有君臣，然后有上下；有上下，然后礼仪有所错（措）。"也就是说，从自然界的发生、演化到人类以及社会、道德的形成和发展，这个过程是连续的、统一的。既然人以及人道最终都是由天地产生出来的，那么，人与天地、人道与天道和地道当然也是统一的。

《周易》非常强调天、地、人三者统一的"三才之道"。《周易·系辞下》说：

> 《易》之为书也，广大悉备，有天道焉，有人道焉，有地道焉。兼三才而两之，故六；六者非它也，三才之道也。

所谓"三才"，就是天、地、人；在卦象的六爻中，上两爻为天道，下两爻为地道，中间两爻为人道。《周易·说卦》还进一步指出了"三才"的内涵："立天之道，曰阴与阳；立地之道，曰柔与刚；立人之道，曰仁与义。"认为在《周易》中，天道的阴与阳、地道的柔与刚和人道的仁与义都统一于六爻的卦象之中。因此，天道、地道与人道是相互统一的，这就是"三才之道"。

在《周易》看来，由于天道、地道与人道是相互统一的，所以，人应当依据天地之道行事，从天地之道中去把握人道。《周易·乾·文言》说："夫大人者，与天地合其德，与日月合其明，与四时合其序，与鬼神合其吉凶。先天而天弗违，后天而奉天时。"认为人应当与天地、日月、四时"合"。《周易·系辞上》说："与天地相似，故不违。知周乎万物而道济天下，故不过。旁行而不流，乐天知命，故不忧。安土敦乎仁，故能爱。"认为人所要做的一切就是要遵循而不违背自然规律，按照自然规律办事，这就是《周易·泰·象》所谓"财（裁）成天地之道，辅相天地之宜"，从而达到人与天地万物的和谐一致。

4. 以科技为基础的文明观

《周易》认为，包括伏羲氏在内的远古圣人，曾效仿卦象发明各种技术，制作各种器物，推动了人类的物质文明进步。《周易·系辞下》说：

> 古者包牺氏之王天下也，仰则观象于天，俯则观法于地，观鸟

兽之文，与地之宜，近取诸身，远取诸物，于是始作八卦，以通神明之德，以类万物之情。

在《周易》看来，《周易》八卦是伏羲氏通过研究自然界的事物而作出来的，而且其研究范围之广，天文、地理、动物均属研究之列。

《周易·系辞下》还说：

> 作结绳而为罔罟，以佃以渔，盖取诸离。包牺氏没，神农氏作，斫木为耜，揉木为耒，耒耨之利以教天下，盖取诸益。日中为市，致天下之民，聚天下之货，交易而退，各得其所，盖取诸噬嗑。神农氏没，黄帝、尧、舜氏作，通其变，使民不倦，神而化之，使民宜之。易穷则变，变则通，通则久。是以自天佑之，吉无不利，黄帝、尧、舜，垂衣裳而天下治，盖取诸乾坤。刳木为舟，剡木为楫，舟楫之利，以济不通，致远以利天下，盖取诸涣。服牛乘马，引重致远，以利天下，盖取诸随。重门击柝，以待暴客，盖取诸豫。断木为杵，掘地为臼，臼杵之利，万民以济，盖取诸小过。弦木为弧，剡木为矢，弧矢之利，以威天下，盖取诸睽。上古穴居而野处，后世圣人易之以宫室，上栋下宇，以待风雨，盖取诸大壮。古之葬者，厚衣之以薪，葬之中野，不封不树，丧期无数，后世圣人易之以棺椁，盖取诸大过。上古结绳而治，后世圣人易之以书契，百官以治，万民以察，盖取诸夬。

《周易》的这段论述说的是，远古时期的许多科技发明，包括渔网、耒耜、市场、船、车、门、杵臼、弧矢、宫室、棺椁、书契等11项都为当时的圣人效法卦象而来。毋庸讳言，这一说法的确有主观臆测和牵强附会之处，但是，《周易》这段论述中所反映出来的以科技为基础的文明观是有一定价值的。首先，从这段论述可以看出，《周易》非常强调科技发明对于人类文明进步的重要意义。人类的进步不仅是道德精神方面的进步，而且也是科技物质方面的进步。《周易》讲科技发明，并认为这些发明为圣人所作，可见其对科技发明的重视。尤其是，《周易》讲科技之利天下，较多地强调了科技对于社会进步的作用。其次，就效法卦象而言，《周易》认为，卦象由伏羲氏"仰则观象于天，俯则观法于地，观鸟兽之文，与地之宜，近取诸身，远取诸物"而来，包含着天道、地道与人道相互统一的"三才之道"。效法这样的卦象进行科技发明，实际上包含了依据自然规律进行科技发明的意味。再次，就科技发明的方法而言，《周易》较多地讲效仿、讲类比。《周易·系辞上》说："天生神物，圣人则之。天地变化，圣人效之。天垂象见吉凶，圣人象之。河出图，洛出书，圣人则之。"这里的"则""效""象"指的都是类比方法。在今天看来，仅靠这样的研究方法是否能够把握天地之道、作出科技发明，是值得怀疑的。但在中国古代的科技发展中，类比方法的确是重要的科学研究方法之一。

（二）《尚书》中的自然观与科技知识

《尚书》是中国上古历史文献和追述古代史迹著作的汇编，其中《尧典》《禹贡》和《洪范》包含了丰富的自然观与科技知识。

1.《尧典》中的天文学知识

《尧典》讲述了帝尧的品德及事迹。其中有一段记载，叙述了帝尧制定历法的情况。其中说道：

> （帝尧）乃命羲、和，钦若昊天，历象日月星辰，敬授人时。分命羲仲，宅嵎夷，曰旸谷。寅宾出日，平秩东作。日中星鸟，以殷仲春。厥民析，鸟兽孳尾。申命羲叔，宅南交，曰明都。平秩南讹，敬致。日永星火，以正仲夏。厥民因，鸟兽希革。分命和仲，宅西，曰昧谷。寅饯纳日，平秩西成。宵中星虚，以殷仲秋。厥民夷，鸟兽毛毨。申命和叔，宅朔方，曰幽都。平在朔易。日短星昴，以正仲冬。厥民隩，鸟兽氄毛。帝曰：咨，汝羲暨和，期三百有六旬有六日，以闰月定四时成岁。允厘百工，庶绩咸熙。

这段叙述的意思是，帝尧命令羲氏、和氏通过观测日月星辰的运行，制定历法，告知百姓。具体的做法就是"日中星鸟，以殷仲春"，"日永星火，以正仲夏"，"宵中星虚，以殷仲秋"，"日短星昴，以正仲冬"。也就是说，昼夜等长的时候，若黄昏时见到鸟星升到中天，即为仲春或春分；白昼最长的时候，见到大火星升到中天，即为仲夏或夏至；昼夜再次等长的时候，见到虚星升到中天，即为仲秋或秋分；白昼最短的时候，见到昴星升到中天，即为仲冬或冬至。对于《尧典》的这一段叙述在中国古代天文学上的意义，李约瑟曾给予了高度的评价，称它是"中国官方天文学的基本宪章"。①

2.《禹贡》中的地理知识

《禹贡》讲述的是夏禹治水之后，将全国分为九个区域，即冀、兖、青、徐、扬、荆、豫、梁、雍九州，并且根据各州的自然条件，规定田赋和进贡。同时，该书涉及丰富的地理知识，包括水利工程、河流、土壤、植被以及贡品的进贡水路等。其中：

就各州的水利工程而言，"冀州既载壶口，治梁及岐，既修太原，至于岳阳，覃怀厎绩，至于衡漳"；梁州"沱潜既道，蔡蒙旅平，和夷厎绩"；"黑水西河惟雍州，弱水既西，泾属渭汭，漆沮既从，沣水攸同。荆岐既旅，终南惇物，至于鸟鼠。原隰厎绩，至于猪野"。

就各州的河流水文而言，"济河惟兖州，九河既道，雷夏既泽，灉沮会同"；"海岱惟青州，嵎夷既略，潍淄其道"；"海岱及淮惟徐州，淮沂其乂，蒙羽其艺，大野既猪"；"淮海惟扬州，彭蠡既猪，阳鸟攸居，三江既入，震泽厎定"；"荆及衡阳惟荆州，江汉朝宗于海，九江孔殷，沱潜既道"；"荆河惟豫州，伊洛瀍涧，既入于河，荥波既猪，导菏泽，被孟猪"。

就各州的土壤情况而言：冀州为白壤，兖州为黑坟，青州为白坟，徐州为赤埴坟，扬州为涂泥，荆州为涂泥，豫州为壤，梁州为青黎，雍州为黄壤。

就各州的植被情况而言：兖州"厥草惟繇，厥木惟条"，徐州"草木渐包"，扬州"篠簜既敷，厥草惟夭，厥木惟乔"。

就各州贡品的进贡水路而言：冀州"夹右碣石入于河"；兖州"浮于济漯，达于河"；青州"浮于汶，达于济"；徐州"浮于淮泗，达于河"；扬州"沿于江海，达于淮泗"；荆州"浮于江沱潜汉，逾于洛，至于南河"；豫州"浮于洛，达于河"；梁州"西倾因桓是来，浮于潜，逾于沔，入于渭，乱于河"；雍州"浮于积石，至于龙门西河，会于渭汭"。

除了描述了九州的地理情况外，《禹贡》还有"导山"和"导水"两个部分。

"导山"部分叙述了四条由西向东延伸的山列：第一条，从陕西的岍

---

① （英）李约瑟：《中国科学技术史》第四卷《天学》，科学出版社，1975年，第42页。

山、岐山开始，向东连接荆山、壶口山、雷首山、太岳山、厎柱山、析城山、王屋山、太行山、恒山，直到河北的碣石山；第二条，从甘肃、青海的西倾山，向东连接朱圄山、鸟鼠山、太华山、熊耳山、外方山、桐柏山，直到山东的陪尾山；第三条，从甘肃的嶓冢山，向东连接荆山、内方山，直到河南、湖北的大别山；第四条，四川的岷山，向东连接衡山，直到江西的敷浅原。

"导水"部分叙述了九条河流的来龙去脉，包括雍州的弱水和黑水，还有黄河、汉水和长江，济水和淮河，渭水和洛水。所叙述的内容包括，水源、流向、流经地、所纳支流和河口等。

在中国古代地理学的发展中，《禹贡》一直是古代地理学家所必读和尊崇的经典，对古代地理学的发展产生了重要的影响，因而被看作是古代重要的地理著作，李约瑟称之为"中国历史上最早出现的自然地理考察著作"。[①]

3.《洪范》中的自然观与科技知识

《洪范》记载的是商代箕子向周武王讲述"洪范九畴"，即治理国家的九种根本大法。其中第一"五行"。《洪范》还对此作了进一步解释："五行：一曰水，二曰火，三曰木，四曰金，五曰土。水曰润下，火曰炎上，木曰曲直，金曰从革，土爰稼穑。润下作咸，炎上作苦，曲直作酸，从革作辛，稼穑作甘。"这里的"水""火""木""金""土"，既可以被理解为万物的五种基本性质，也可以被看作构成万物的五种基本要素。据《国语·郑语》记载，西周末年的史伯对郑桓公说："夫和实生物，同则不继。以他平他谓之和，故能丰长而物归之；若以同裨同，尽乃弃矣。故先王以土与金木水火杂，以成百物。"由此可见，"洪范九畴"所谓"五行"所表述的是一种万物由"五行"构成的自然观。

"洪范九畴"第四"协用五纪"，其中"五纪"："一曰岁，二曰月，三曰日，四曰星辰，五曰历数"，讲的是五种记时方法：一是年，二是月，三是日，四是星辰的出现，五是日月运行的周天度数。

"洪范九畴"第八"念用庶征"，其中"庶征"："曰雨，曰旸，曰燠，曰寒，曰风"，是指五种天气：雨，晴，暖，寒，风。《洪范》还说：

---

① （英）李约瑟：《中国科学技术史》第五卷《地学》，科学出版社，1976年，第14页。

"曰时五者来备，各以其叙，庶草蕃庑。一极备，凶；一极无，凶。"也就是说，假如一年中这五种天气都能按时到来，草木、庄稼就能长得茂盛。如果某种天气过多或没有出现，则不好。

（三）《诗经》中的科技知识

《诗经》是西周初年至春秋中期的诗作汇集，其中不少诗篇包含着当时的科技知识，涉及物候知识、动植物知识、地学知识、天文知识等。

《诗经》的《豳风·七月》被认为是一首物候诗。[①] 该篇一些诗句反映了各个月份的物候现象和农事活动。比如：二月份，"春日载阳，有鸣仓庚"，"春日迟迟，采繁祁祁"；三月份，"蚕月条桑，取彼斧斨，以伐远杨"；四月份，"四月秀葽"；五月份，"五月鸣蜩""五月斯螽动股"；六月份，"六月莎鸡振羽""六月食郁及薁"；七月份，"七月流火""七月鸣鵙"，"七月亨葵及菽""七月食瓜"；八月份，"八月萑苇""八月载绩，载玄载黄""八月其获""八月剥枣""八月断壶"；九月份，"九月授衣""九月叔苴，采荼薪樗""九月筑场圃""九月肃霜"；十月份，"十月陨萚""十月蟋蟀入我床下""十月获稻""十月纳禾稼，黍稷重穋，禾麻菽麦""十月涤场"，等等。

《诗经》的不少诗篇还反映了动植物方面的知识。比如：《豳风·七月》有"六月莎鸡振羽，七月在野，八月在宇，九月在户"；《小雅·小宛》有"螟蛉有子，蜾蠃负之"；《小雅·四月》有"山有蕨薇，隰有杞桋"；《郑风·山有扶苏》有"山有扶苏，隰有荷华"，"山有乔松，隰有游龙（红草）"，等等。而且《诗经》中涉及大量的动植物，其中植物140多种，动物100多种。[②]

在地学知识方面，《诗经》中的《小雅·十月之交》对一次大地震作了记述："烨烨震电，不宁不令，百川沸腾，山冢崒崩，高岸为谷，深谷为陵。"同时，《诗经》中还有一些气象谚语，如：《小雅·渐渐之石》有"月离于毕，俾滂沱矣"；《小雅·信南山》有"上天同云，雨雪雰雰"；《鄘风·蝃

---

① 夏纬瑛等：《〈诗经〉中反映的周代农业生产和技术》，李国豪等编：《中国科技史探索》，上海古籍出版社，1982年，第643页。
② 罗桂环、汪子春：《中国科学技术史·生物学卷》，科学出版社，2004年，第65页。

《蝀》有"朝隮于西，崇朝其雨"，等等。

《诗经》中的一些篇章已经提到作为古代天球坐标体系的二十八宿的火（心）、箕、斗、定（室、壁）、昂、毕、参、牛、女等。还有天汉（银河）的记载，如《小雅·大东》有"维天有汉，监亦有光。跂彼织女，终日七襄。虽则七襄，不成报章。睆彼牵牛，不以服箱"。[①] 尤为重要的是，《诗经》中还记述有日食现象，《小雅·十月之交》有"十月之交，朔月辛卯，日有食之，亦孔之丑，彼月而微，此日而微"，这是古代文献所记述的最早的一次日食。

（四）《周礼》中的科技知识

《周礼》是记述西周政治制度之书，分《天官冢宰》《地官司徒》《春官宗伯》《夏官司马》《秋官司寇》《冬官司空》六篇。汉初河间献王刘德得到《周礼》时，其中的《冬官司空》一篇就已亡佚，于是补以《考工记》，称为《冬官考工记》。《考工记》的成书年代迄今仍有争议，一般认为，《考工记》为春秋时期齐国官书，记述了齐国官府制定的有关手工业生产的规范和制度。

《考工记》对各种手工技术规范作了详细的叙述，涉及马车及其各个部件的制作、青铜器物的原料配比和制作、皮革及其制品的制作工艺、染色工艺、练丝工艺、各种玉器的形状与规格、石磬各部分的比例要求、各种矢的制作技术、各种容器的容量和尺寸大小、乐器支架的造型与设计、饮用器具的制作、箭靶的规格、各种兵器的制作、建造城邑的规范、沟洫的修筑技术以及弓的制作工艺，等等。

《考工记》不仅涉及手工技术的许多领域，而且还包含了天文学、数学、物理学、化学、生物学等方面的科学知识。其中"金有六齐。六分其金而锡居一，谓之钟鼎之齐；五分其金而锡居一，谓之斧斤之齐；四分其金而锡居一，谓之戈戟之齐；三分其金而锡居一，谓之大刃之齐；五分其金而锡居二，谓之削杀矢之齐；金锡半，谓之鉴燧之齐"，被认为"大体上正确地反映了合金配比规律，是世界上最早的合金配比的经验性科学总结"。[②]

---

①夏纬瑛等：《〈诗经〉中反映的周代农业生产和技术》，李国豪等编：《中国科技史探索》，上海古籍出版社，1982年，第645页。
②杜石然等：《中国科学技术史稿》（上），科学出版社，1982年，第45页。

除了《冬官考工记》之外，《周礼》的其他五篇综述了周王室和春秋战国时代各诸侯国的官制。从各官员的职责来看，有不少官职是由具备一定科技知识的人所担任的，比如：

天官冢宰属下的"医师"，必须"掌医之政令，聚毒药以共医事。凡邦之有疾病者、疕疡者，造焉，则使医分而治之"。可见，"医师"必须是具备相当医学知识水平的人。此外还有"疾医""疡医""兽医"等职位也都必须具备相当的医学知识。

地官司徒的职责包括，"掌建邦之土地之图"；"以天下土地之图，周知九州之地域广轮之数；辨其山林、川泽、丘陵、坟衍、原隰之名物"；"以土会之法辨五地之物生：一曰山林，其动物宜毛物，其植物宜皂物，其民毛而方；二曰川泽，其动物宜鳞物，其植物宜膏物，其民黑而津；三曰丘陵，其动物宜羽物，其植物宜核物，其民专而长；四曰坟衍，其动物宜介物，其植物宜荚物，其民皙而瘠；五曰原隰，其动物宜臝物，其植物宜丛物，其民丰肉而庳"；"以土宜之法辨十有二土之名物"；"辨十有二壤之物而知其种，以教稼穑树艺"；"以土圭之法，测土深，正日景，以求地中，日南则景短，多暑；日北则景长，多寒；日东则景夕，多风；日西则景朝，多阴。日至之景，尺有五寸，谓之地中，天地之所合也，四时之所交也，风雨之所会也，阴阳之所和也"。地官司徒属下的"山虞"，"掌山林之政令，物为之厉，而为之守禁。仲冬斩阳木，仲夏斩阴木。凡服耜，斩季材，以时入之。令万民时斩材，有期日"。显然，这里涉及地学、生物学、农学、天文学等方面的知识。

春官宗伯属下的"冯相氏"，"掌十有二岁、十有二月、十有二辰、十日、二十有八星之位，辨其叙事，以会天位。冬夏致日，春秋致月，以辨四时之叙"。"保章氏"，"掌天星以志星辰、日月之变动，以观天下之迁，辨其吉凶。以星土辨九州之地所封。封域皆有分星，以观妖祥。以十有二岁之相，观天下之妖祥"，明显是具备天文知识的人。

夏官司马属下的"职方氏"，"掌天下之图，以掌天下之地，辨其邦国都鄙，四夷、八蛮、七闽、九貉、五戎、六狄之人民，与其财用，九谷、六畜之数要，周知其利害"。也就是说，要掌握相当水平的地理知识。同时，《夏官司马》篇还记述了周朝时全国"九州"的划分及其山川泽薮物产、所宜种植的农作物和所宜饲养的畜禽：

东南曰扬州，其山镇曰会稽，其泽薮曰具区，其川三江，其浸五湖，其利金锡竹箭……其畜宜鸟兽，其谷宜稻。

正南曰荆州，其山镇曰衡山，其泽薮曰云瞢，其川江汉，其浸颍湛，其利丹银齿革……其畜宜鸟兽，其谷宜稻。

河南曰豫州，其山镇曰华山，其泽薮曰圃田，其川荥雒，其浸波溠，其利林漆丝枲……其畜宜六扰（马、牛、羊、豕、犬、鸡），其谷宜五种（黍、稷、菽、麦、稻）。

正东曰青州，其山镇曰沂山，其泽薮曰望诸，其川淮泗，其浸沂沭，其利蒲鱼……其畜宜鸡狗，其谷宜稻麦。

河东曰兖州，其山镇曰岱山，其泽薮曰大野，其川河泲，其浸卢维，其利蒲鱼……其畜宜六扰，其谷宜四种（黍、稷、麦、稻）。

正西曰雍州，其山镇曰岳山，其泽薮曰弦蒲，其川泾汭，其浸渭洛，其利玉石……其畜宜牛马，其谷宜黍稷。

东北曰幽州，其山镇曰医无闾，其泽薮曰貕养，其川河泲，其浸菑时，其利鱼盐……其畜宜四扰（马、牛、羊、豕），其谷宜三种（黍、稷、稻）。

河内曰冀州，其山镇曰霍山，其泽薮曰扬纡，其川漳，其浸汾潞，其利松柏……其畜宜牛羊，其谷宜黍稷。

正北曰并州，其山镇曰恒山，其泽薮曰昭余祁，其川虖池呕夷，其浸涞易，其利布帛……其畜宜五扰（马、牛、羊、豕、犬），其谷宜五种。

显然，《周礼》在记述各种官职，尤其是一些需要具备相应科技知识的官职时，涉及不少古代的科技知识。

（五）《礼记》中的自然观与科技知识

《礼记》是对古代礼仪的意义作出解释和阐发的文集。其中《月令》按照一年中季节的变化顺序，对各个季节、月份的不同礼仪作了详细的规定，比如：

在春季，"其日甲乙。其帝太皞，其神句芒。其虫鳞。其音角，律中大蔟。其数八。其味酸，其臭膻。其祀户，祭先脾""天子居青阳""载青旗，衣青衣，服仓玉，食麦与羊""盛德在木"。

在夏季，"其日丙丁。其帝炎帝，其神祝融。其虫羽。其音徵，律中中吕。其数七。其味苦，其臭焦。其祀灶，祭先肺""天子居明堂""载赤旗，衣朱衣，服赤玉，食菽与鸡""盛德在火"。

"中央土。其日戊己。其帝黄帝，其神后土。其虫倮，其音宫，律中黄钟之宫。其数五。其味甘，其臭香。其祠中霤，祭先心""天子居大庙""载黄旗，衣黄衣，服黄玉，食稷与牛"。

在秋季，"其日庚辛。其帝少皞，其神蓐收。其虫毛。其音商，律中夷则。其数九。其味辛，其臭腥。其祀门，祭先肝""天子居总章""载白旗，衣白衣，服白玉，食麻与犬""盛德在金"。

在冬季，"其日壬癸。其帝颛顼，其神玄冥。其虫介。其音羽，律中应钟。其数六。其味咸，其臭朽。其祀行，祭先肾""天子居玄堂""载玄旗，衣黑衣，服玄玉，食黍与彘""盛德在水"。

这里按照五行的木、火、土、金、水的顺序，依次论述了相对应的五季、五日、五帝、五神、五虫、五音、五数、五味、五臭、五祀、五祭、五居、五色、五食、五德，形成了一个固定的框架，可以整理列表如下：

五季	五日	五帝	五神	五虫	五音	五数	五味	五臭	五祀	五祭	五居	五色	五食	五德
春	甲乙	太皞	句芒	鳞	角	八	酸	膻	户	脾	青阳	青	麦与羊	木
夏	丙丁	炎帝	祝融	羽	徵	七	苦	焦	灶	肺	明堂	赤	菽与鸡	火
中	戊己	黄帝	后土	倮	宫	五	甘	香	中霤	心	大庙	黄	稷与牛	土
秋	庚辛	少皞	蓐收	毛	商	九	辛	腥	门	肝	总章	白	麻与犬	金
冬	壬癸	颛顼	玄冥	介	羽	六	咸	朽	行	肾	玄堂	黑	黍与彘	水

显然，这里已经建构了较为完整的阴阳五行自然观。

在建构阴阳五行自然观的同时，《月令》还对各个季节、月份的天象、物候作了描述：

孟春之月（正月），"日在营室，昏参中，旦尾中""东风解冻，蛰虫始振，鱼上冰，獭祭鱼，鸿雁来""天气下降，地气上腾，天地和同，草木萌动"。

仲春之月（二月），"日在奎，昏弧中，旦建星中""始雨水，桃始华，仓庚鸣，鹰化为鸠""玄鸟至""日夜分，雷乃发声，始电，蛰虫咸动，启户始出"。

季春之月（三月），"日在胃，昏七星中，旦牵牛中""桐始华，田鼠化为鴽，虹始见，萍始生""生气方盛，阳气发泄，句者毕出，萌者尽达""时雨将降，下水上腾""鸣鸠拂其羽，戴胜降于桑"。

孟夏之月（四月），"日在毕，昏翼中，旦婺女中""蝼蝈鸣，蚯蚓出，王瓜生，苦菜秀""靡草死，麦秋至"。

仲夏之月（五月），"日在东井，昏亢中，旦危中""小暑至，螳螂生，鵙始鸣，反舌无声""日长至，阴阳争，死生分""鹿角解，蝉始鸣，半夏生，木堇荣"。

季夏之月（六月），"日在柳，昏火中，旦奎中""温风始至，蟋蟀居壁，鹰乃学习，腐草为萤""树木方盛""水潦盛昌""土润溽暑，大雨时行"。

孟秋之月（七月），"日在翼，昏建星中，旦毕中""凉风至，白露降，寒蝉鸣，鹰乃祭鸟""天地始肃"。

仲秋之月（八月），"日在角，昏牵牛中，旦嘴觿中""盲风至，鸿雁来，玄鸟归，群鸟养羞""日夜分，雷始收声，蛰虫坏户，杀气浸盛，阳气日衰，水始涸"。

季秋之月（九月），"日在房，昏虚中，旦柳中""鸿雁来宾，爵入大水为蛤，鞠有黄华，豺乃祭兽戮禽""霜始降""草木黄落"。

孟冬之月（十月），"日在尾，昏危中，旦七星中""水始冰，地始冻，雉入大水为蜃，虹藏不见""天气上腾，地气下降，天地不通，闭塞而成冬"。

仲冬之月（十一月），"日在斗，昏东壁中，旦轸中""冰益壮，地始坼，鹖旦不鸣，虎始交""地气沮泄""日短至。阴阳争，诸生荡""芸始生，荔挺出，蚯蚓结，麋角解，水泉动"。

季冬之月（十二月），"日在婺女，昏娄中，旦氐中""雁北乡，鹊始巢，雉雊鸡乳""征鸟厉疾""冰方盛，水泽腹坚""日穷于次，月穷于纪，星回于天，数将几终，岁且更始"。

显然，这里包含着丰富的天文知识和物候知识。需要指出的是，这里对于天象、物候的描述，不只是对于自然界的一种描述，实际上是被当作"礼"规定下来，否则就属于自然界的反常。

（六）《春秋》中的天文知识

《春秋》是春秋时期鲁国的史记，记载了从鲁隐公元年（公元前722年）到鲁哀公十四年（公元前481年）的历史。《春秋》虽然记述的是社会历史，但其中有大量的天象记录。

《春秋》中有关于"日有食之"，即日食的记述37次。比如：隐公三年，"春，王二月己巳，日有食之"；桓公三年，"秋，七月壬辰朔，日有食之，既"；哀公十四年，"五月庚申朔，日有食之"，等等。据现代天文学家的验证，在这37次记述中，有25次的记述准确无误，另有7次可能是文本在传写过程中发生的文字误差，有1次可能是据传闻所作的记述，被确定为有明显错误的记述有4次。[①]

《春秋》中有关于"星孛"的记述。昭公十七年，"冬，有星孛于大辰"。《春秋左氏传》曰："冬，有星孛于大辰，西及汉。申须曰：'彗所以除旧布新也。'"《春秋公羊传》曰："冬，有星孛于大辰。孛者何？彗星也。"可见，"星孛"即彗星。《春秋》还记载：文公十四年，"秋，七月，有星孛入于北斗"；哀公十三年，"冬，十有一月，有星孛于东方"；哀公十四年，"有星孛"。

《春秋》中还有关于"陨石"的记述：僖公十六年，"春，王正月戊申朔，陨石于宋，五"。《春秋左氏传》曰："十六年，春，陨石于宋，五，陨星也。"也就是说，这一天，宋国境内落下5个陨石，陨石就是天上的星陨落到地上。《春秋》的这一记述，被认为是"中国古代关于陨石的最早记载"。[②]

《春秋》还记载：庄公七年，"夏，四月辛卯，夜，恒星不见。夜中，星陨如雨"。《春秋左氏传》曰："夏，恒星不见，夜明也。星陨如雨，与雨偕也。"《春秋公羊传》不赞同《春秋左氏传》对"星陨如雨"的解说，曰：

---

① 陈美东：《中国科学技术史·天文学卷》，科学出版社，2003年，第40～41页。
② 陈美东：《中国科学技术史·天文学卷》，科学出版社，2003年，第43页。

"'如雨'者何？如雨者，非雨也。非雨则曷为谓之如雨？不修《春秋》曰'雨星不及地尺而复'，君子修之曰：'星陨如雨。'"对此，中国科技史家们认同《春秋公羊传》的解说，并认为，"星陨如雨"是后世"记述流星雨现象的经典用语"。[1]

（七）《尔雅》中的动植物知识

形成于汉代的《尔雅》为儒家的释经之书，共19篇，其中后半部分的《释草》《释木》《释虫》《释鱼》《释鸟》《释兽》《释畜》7篇包含了丰富的动植物分类知识。

首先，《尔雅》把植物分为草、木两大类；把动物分为虫、鱼、鸟、兽、畜等5大类。《释草》中的植物都是草本植物；《释木》中的植物都是木本植物。这种把植物分为草本与木本两大类，与现代的植物分类基本一致。《释虫》中的动物几乎全是现代分类学上的无脊椎动物，除一些软体动物外，大都是节肢动物，而主要是昆虫。《释鱼》中的动物大都属于现代分类学上的鱼类，此外还包括一些两栖类、爬行类，以及一些节肢动物、软体动物等。《释鸟》中的动物，按照现代的分类学，除少数几种动物外，大都属于鸟类。《释兽》中的动物与现代分类学上的兽类完全一致。《释畜》中的动物，主要是人工饲养的家畜、家禽。

其次，《尔雅》中出现了"属"的分类概念。在《释兽》中，有"寓属""鼠属""齸属""须属"；在《释畜》中，有"马属""牛属""羊属""狗属""鸡属"。当然，这里"属"的内涵不同于现代分类学上的"属"。就"马属"而言，有马、野马、騉蹄、騉駼等40多种；大体上属于家马和野马两类，相当于现在分类上的马科。

再次，《尔雅》中的有些分类已经具有了分类标准。在《释木》中，木本植物又分为乔木、檄木和灌木，"小枝上缭为乔，无枝为檄，木族生为灌"。在《释虫》中，虫与豸作了区分，分类标准在于是否有足，"有足谓之虫，无足谓之豸"。在《释鸟》中，禽与兽作了区分，"二足而羽谓之禽，四足而毛谓之兽"。在《释畜》中，动物的大小也可当作分类标准，"马八尺为

---

[1]陈美东：《中国科学技术史·天文学卷》，科学出版社，2003年，第43页。

駃，牛七尺为犉，羊六尺为羬，彘五尺为豟，狗四尺为獒，鸡三尺为鶤"。

从《尔雅》对动植物的分类来看，其分类细致，种类繁多，具有很高的科学价值和应用价值。为此，郭璞在《尔雅》"序"中指出："若乃可以博物不惑，多识于鸟兽草木之名者，莫近于《尔雅》。"①

三、经学研究中的科技研究

儒家经典中包含着科技知识，历代经学家则在阐释和研究儒家经典时，或者能够对儒家经典中的科技知识作出研究和阐释，或者能够从儒家经典中的非科技类知识阐发和引申出科技知识，甚至形成专门的科技著作。

（一）对儒家经典中科技知识的阐释

对于经学家来说，他们在阐释儒家经典时，必定要对其中属于科技类的知识也作出注疏，因而丰富和发展了儒家经典中的科技知识。

比如，对于《尚书·尧典》"期三百有六旬有六日，以闰月定四时成岁"的阐释。汉代孔安国传曰：

匝四时曰期。一岁十二月，月三十日，正三百六十日；除小月六，为六日，是为一岁有余十二日；未盈三岁足得一月，则置闰焉，以定四时之气节，成一岁之历象。

唐代孔颖达疏曰：

周天三百六十五度四分度之一，而日日行一度，则一期三百六十五日四分日之一……云"一岁十二月，月三十日，正三百六十日也；除小月六，又为六日"，今经云三百六十六日，故云"余十二日"，不成期。以一月不整三十日，今一年余十二日，故未至盈满三岁足得一月，则置闰也……六历②、诸纬与《周髀》皆

---

① （宋）邢昺：《尔雅注疏·尔雅序》，（清）阮元校刻：《十三经注疏》，中华书局，1980年，第2567页。
② 六历：指我国古代流传的最早的六种历法，分别是《黄帝历》《颛顼历》《夏历》《殷历》《周历》《鲁历》。

云：日行一度，月行十三度十九分度之七，为每月二十九日过半；日之于法，分为日九百四十分日之四百九十九，即月有二十九日半强。为十二月，六大之外有日分三百四十八，是除小月无六日，又大岁三百六十六日，小岁三百五十五日，则一岁所余无十二日。今言"十二日"者，皆以大率据整而计之，其实一岁所余正十一日弱也。以为十九年七闰，十九年年十一日则二百九日，其七月四大三小犹二百七日，况无四大乎？为每年十一日弱分明矣。所以弱者，以四分日之一于九百四十分，则一分为二百三十五分，少于小月余分三百四十八。以二百三十五减三百四十八，不尽一百一十三，是四分日之一余矣。皆以五日为率，其小月虽为岁日残分所减，犹余一百一十三，则实余尚无六日。就六日抽一日为九百四十分减其一百一十三分，不尽八百二十七分。以不抽者五日并三百六十日外之五日为十日，其余九百四十分日之八百二十七，为每岁之实余。今十九年年十日，得整日一百九十。又以十九乘八百二十七分，得一万五千七百一十三。以日法九百四十除之，得十六日，以并一百九十日为二百六日，不尽六百七十三分为日余。今为闰月得七，每月二十九日，七月为二百三日，又每四百九十九分以七乘之得三千四百九十三，以日法九百四十分除之得三日，以二百三日亦为二百六日，不尽亦六百七十三为日余，亦相当矣。所以无闰时不定，岁不成者，若以闰无，三年差一月，则以正月为二月，每月皆差；九年差三月，即以春为夏；若十七年差六月，即四时相反；时何由定，岁何得成乎？故须置闰以定四时。①

在这里，孔颖达通过复杂的历法计算认为，孔安国讲"一岁有余十二日"，3年之内置1闰月，只是"以大率据整而计之"；实际上应当是19年置7闰月。计算方法如下：

根据《周髀》等所言，太阳每日行1度，月亮每日行$13\frac{7}{19}$度，

则每日相差：$13\frac{7}{19} - 1 = 12\frac{7}{19}$度；

① （唐）孔颖达等：《尚书正义》卷二，（清）阮元校刻：《十三经注疏》，中华书局，1980年，第119～121页。

一周天365$\frac{1}{4}$度，求得日月每次相重合所需天数：365$\frac{1}{4}$÷12$\frac{7}{19}$＝29$\frac{499}{940}$天；

太阳行一周天需365$\frac{1}{4}$天，每年之余：365$\frac{1}{4}$－（29$\frac{499}{940}$×12）＝10$\frac{827}{940}$天；

19年则余：10$\frac{827}{940}$×19＝206$\frac{673}{940}$天；

206$\frac{673}{940}$÷29$\frac{499}{940}$＝7，所以应当是19年置7闰月。

《尚书·尧典》所谓"期三百有六旬有六日，以闰月定四时成岁"，讲的是历法需要置闰月，孔安国根据自己的历法知识作了粗略的注释。而孔颖达则进一步通过对19年置7闰月的历法计算，对孔安国的注释作了评述和修正。从这里可以看出历代经学家在阐释儒家经典时对其中所包含的科技知识所作的丰富和发展。

（二）从儒家经典中非科技类知识引申出科技知识

经学家对于儒家经典的阐释，与个人的兴趣与知识结构密切相关。有些对科技知识较有兴趣的经学家，往往能够从儒家经典中的非科技方面的知识阐发出科技知识。以下试举两例：

例1：对于《诗经·周南·关雎》"关关雎鸠，在河之洲。窈窕淑女，君子好逑"的阐释。

西汉毛公注曰："关关，和声也。雎鸠，王雎也，鸟挚而有别。水中可居者曰洲。后妃说乐君子之德，无不和谐，又不淫其色，慎固幽深，若关雎之有别焉，然后可以风化天下……窈窕，幽闲也。淑，善。逑，匹也。言后妃有关雎之德，是幽闲贞专之善女，宜为君子之好匹。"[①]

三国陆玑《毛诗草木鸟兽虫鱼疏》注"雎鸠"曰："雎鸠，大小如鸠，深目，目上骨露，幽州人谓之鹫。"[②]

宋代郑樵指出："若曰'关关雎鸠，在河之洲'，不识雎鸠，则安知河洲之趣与关关之声乎？凡雁鹜之类，其喙褊者，则其声'关关'，鸡雉之类，其喙锐者，则其声'鹭鹭'，此天籁也。雎鸠之喙似凫雁，故其声如是，又

---

① （唐）孔颖达等：《毛诗正义》卷一，（清）阮元校刻：《十三经注疏》，中华书局，1980年，第273页。

② （三国）陆玑：《毛诗草木鸟兽虫鱼疏》卷下，文渊阁四库全书。

得水边之趣也。"接着，郑樵还对《诗经·小雅·鹿鸣》"呦呦鹿鸣，食野之苹。我有嘉宾，鼓瑟吹笙"作了解读，说："《小雅》曰'呦呦鹿鸣，食草之苹'，不识鹿，则安知食苹之趣与'呦呦'之声乎？凡牛羊之属，有角无齿者，则其声'呦呦'；驼鸟之属，有齿无角者，则其声'萧萧'，此亦天籁也。鹿之喙似牛羊，故其声如是，又得蒌蒿之趣也；使不识鸟兽之情状，则安知诗人'关关'、'呦呦'之兴乎？"①

《诗经》"关关雎鸠，在河之洲。窈窕淑女，君子好逑"是诗；毛公强调该诗的道德教化的内涵；陆玑、郑樵等则对其中的"雎鸠"及其叫声作了细致的分析，实属动物学研究。由此可以看出在经学研究中是如何从《诗经》引申出科学知识的。

例2：对于《论语·为政》"为政以德，譬如北辰，居其所，而众星共之"的阐释。

三国何晏引包氏曰："德者，无为，犹北辰之不移而众星共之。"

北宋邢昺疏曰："'为政以德'者，言为政之善，莫若以德。德者，得也。物得以生，谓之德。淳德不散，无为化清，则政善矣。'譬如北辰，居其所而众星共之'者，譬，况也。北极，谓之北辰。北辰常居其所而不移，故众星共尊之，以况人君。为政以德，无为清静，亦众人共尊之也。"②

南宋朱熹《四书章句集注》注曰："政之为言正也，所以正人之不正也。德之为言得也，得于心而不失之谓也。北辰，北极，天之枢也。居其所，不动也。共，向也，言众星四面旋绕而归向之也。为政以德，则无为而天下归之，其象如此。"③

在今天看来，《论语·为政》所言"为政以德，譬如北辰，居其所，而众星共之"，讲的是为政的方法，并没有科技的成分。但是，朱熹却从中引申出"北辰，北极，天之枢也。居其所，不动也""众星四面旋绕而归向之"，则已属天文知识。

另从《朱子语类》可以看到，朱熹在向其弟子讲述"为政以德，譬如北辰"时，还围绕着"北辰"与"北极"的问题展开深入讨论。据《朱子语类》

① （宋）郑樵：《通志》卷七十五《昆虫草木略·序》，文渊阁四库全书。
② （宋）邢昺：《论语注疏》卷二，（清）阮元校刻：《十三经注疏》，中华书局，1980年，第2461页。
③ （宋）朱熹：《四书章句集注》，中华书局，1983年，第53页。

载："'北辰，北极也'。不言'极'，而言'辰'，何义？"朱熹曰："辰是大星。"又云："星之界分，亦谓之辰，如十二辰是十二个界分。极星亦微转，只是不离其所，不是星全不动，是个伞脑上一位子不离其所。"因举《晋志》云："北极五星。天运无穷，三光迭耀，而极星不移。""故曰：'居其所而众星共之。'"

安卿问北辰。朱熹曰："北辰是那中间无星处，这些子不动，是天之枢纽。北辰无星，缘是人要取此为极，不可无个记认，故就其傍取一小星谓之极星。这是天之枢纽，如那门笋子样，又似个轮藏心，藏在外面动，这里面心都不动。"义刚问："极星动不动？"朱熹曰："极星也动。只是它近那辰后，虽动而不觉。如那射糖盘子样，那北辰便是中心桩子。极星便是近桩底点子，虽也随那盘子转，却近那桩子，转得不觉。今人以管去窥那极星，见其动来动去，只在管里面，不动出去。向来人说北极便是北辰，皆只说北极不动。至本朝人方去推得是北极只是北辰头边，而极星依旧动。又一说，那空无星处皆谓之辰……"又曰："天转，也非东而西，也非循环磨转，却是侧转。"义刚言："楼上浑仪可见。"朱熹曰："是。"

问："北辰是甚星？《集注》以为'北极之中星，天之枢也'。上蔡以为'天之机也。以其居中，故谓之北极。以其周建于十二辰之舍，故谓之北辰'。不知是否？"朱熹曰："以上蔡之明敏，于此处却不深考。北辰，即北极也。以其居中不动而言，是天之枢轴。天形如鸡子旋转，极如一物，横亘居中，两头称定。一头在北上，是为北极，居中不动，众星环向也。一头在南，是为南极，在地下，人不可见。"因举先生《感兴诗》云："感此南北极，枢轴遥相当。""即是北极否？"朱熹曰："然。"又问："太一有常居，太一是星否？"朱熹曰："此在《史记》中，说太一星是帝座，即北极也。以星辰位言之，谓之太一；以其所居之处言之，谓之北极。太一如人主，极如帝都也。""《诗》云：'三辰环侍傍。'三辰谓何？"朱熹曰："此以日、月、星言也。"[1]

从以上朱熹与其弟子的讨论中可以看出，虽然《论语·为政》"为政以德，譬如北辰，居其所，而众星共之"并非科技类知识，但是，朱熹在阐释过

①（宋）黎靖德：《朱子语类》（二）卷二十三，中华书局，1986年，第534～536页。

程中或多或少地引入了科技方面的讨论。由此亦可见得，经学家在阐释儒家经典时，能够从原本属于非科技类的知识中引申、发挥出科技知识。

（三）研究阐释儒家经典而形成科技著作

经学家对于儒家经典，并不仅仅限于逐字逐句地注疏和阐释，而且还通过深入地研究，发展出专门的科技著作，有的甚至还成为科学家。

《尚书·禹贡》是儒家经典中重要的地理著作。魏晋期间的裴秀因主持编绘《禹贡地域图》，提出"制图六体"而被称为地图学家。[①]据《晋书·裴秀传》记载，裴秀所撰《禹贡地域图》"序"曰："今上考《禹贡》山海川流，原隰陂泽，古之九州，及今之十六州，郡国县邑，疆界乡陬，及古国盟会旧名，水陆径路，为地图十八篇。制图之体有六焉。一曰分率，所以辨广轮之度也；二曰准望，所以正彼此之体也；三曰道里，所以定所由之数也。四曰高下，五曰方邪，六曰迂直，此三者各因地而制宜，所以校夷险之异也。"这里叙述了裴秀编绘《禹贡地域图》并提出"制图六体"的经历。从裴秀《禹贡地域图》"序"可以看出，《禹贡地域图》的编绘是研究《禹贡》的结果，甚至有学者认为，裴秀在该书"序"中所说的"古之九州""大概就是指夏禹九州、商殷九州和西周九州而言"，所以《禹贡地域图》除了有根据《禹贡》九州所绘制的图之外，其中关于商殷和西周的图，"可能是根据《尔雅》和《职方》中所述的九州绘制的"。[②]由此可见，裴秀的《禹贡地域图》不仅与《尚书·禹贡》有关，而且还与《尔雅》《周礼·夏官司马·职方》等儒家经典有密切的关系。至于"制图六体"，则是裴秀编绘《禹贡地域图》所创获的研究成果。

历史上还出现过不少以《禹贡》为专题的研究著作，除了裴秀的《禹贡地域图》，还有宋代毛晃的《禹贡指南》，程大昌的《禹贡论》，傅寅的《禹贡说断》；清代朱鹤龄的《禹贡长笺》，胡渭的《禹贡锥指》，徐文靖的《禹贡会笺》，魏源的《禹贡说》，杨守敬的《禹贡本义》，等等。

三国时的陆玑治《毛诗》，著《毛诗草木鸟兽虫鱼疏》，对《诗经》中

---

①杜石然：《中国古代科学家传记》（上），科学出版社，1992年，第150～155页。
②谭其骧：《中国历代地理学家评传》（一），山东教育出版社，1990年，第146～147页。

的动植物学知识作了整理和发挥。该书将《诗经》中所提到的动植物罗列出来，通过自己的实地观察，进行具体的描述。上卷为植物部分，有草本植物60种，木本植物47种；下卷为动物部分，有鸟类27种，兽类12种，虫类24种（内有鼠类、两栖类），鱼类11种（含兽类、贝类）。该书还对动植物的形态（种类辨别）、生态（习性）、地理分布，以及栽培、驯化和利用等许多方面，都作了翔实的描述，被认为是"一部古典博物学著作"，陆玑本人因而被称为博物学家。①

在历史上，通过研究《诗经》而写成科技著作的，不在少数，除了陆玑的《毛诗草木鸟兽虫鱼疏》，还有：宋代蔡卞的《毛诗名物解》；明代冯复京的《六家诗名物疏》；清代洪亮吉的《毛诗天文考》、徐鼎的《毛诗名物图说》，等等。

在中国学术史上，从研究儒家经典出发，最后写成专门科技著作的事例非常之多。除以上所述之外，较为重要的还有：南北朝时期甄鸾的《五经算术》；宋代邢昺的《尔雅注疏》、林希逸的《考工记解》、王应麟的《诗地理考》《六经天文编》、陆佃的《尔雅新义》、罗愿的《尔雅翼》；清代戴震的《考工记图》、高士奇的《春秋地名考略》、陈厚耀的《春秋长历》、江永的《春秋地理考实》、罗士琳的《春秋朔闰异同》，等等。

从以上事例可以看出，不仅儒家经典中包含着科技知识，而且历代经学家在阐释儒家经典时，往往能够从儒家经典中引申出科技知识，甚至形成科技著作。因而也就不难理解为什么在儒家文化背景下，在以经学为基础的古代学术形态中，可以发展出科技，甚至达到辉煌。

---

①杜石然：《中国古代科学家传记》（上），科学出版社，1992年，第179～183页。

第三章

儒家对科技的重视与研究

孟
家
妹
村
志
例

二
五
三

儒家"游文于六经之中，留意于仁义之际"，同时，又对自然现象有极大的兴趣。他们重视科技、研究科技，为中国古代科技的发展作出了贡献，对中国古代科学技术的辉煌起了非常重要的积极作用。

一、先秦儒家对科技的重视

孔子是重视科技的。如前所述，作为教育家，他要求学生"博学""多闻""多见""游于艺"，并且"多识于鸟兽草木之名"；在他所整理的古代典籍中，不仅有作为儒家经典的《诗》《书》《礼》《易》《春秋》包含着丰富的科技知识，而且还有我国现存最早的具有丰富物候知识的科技著作——《夏小正》。[①]

《夏小正》按照一年中各月份的先后顺序，对各个月份的物候、气象、天象和农事活动分别作了记述，涉及天文、气象、动植物等多方面的知识。比如正月：

物候：启蛰，雁北乡，雉震呴，鱼陟负冰，囿有见韭，田鼠出，獭祭鱼，鹰则为鸠，柳稊，梅、杏、杝桃则华，缇缟，鸡桴粥；

气象：时有俊风，寒日涤冻涂；

天象：鞠则见，初昏参中，斗柄县在下；

农事活动：农纬厥耒，农率均田，采芸。

在天文方面，《夏小正》还记载：三月，"参则伏"；四月，"昂则见，初昏南门正"；五月，"参则见""初昏大火中"；六月，"初昏斗柄正

[①]关于《夏小正》的来历，据《礼记·礼运》载："孔子曰：'我欲观夏道，是故之杞，而不足征也，吾得夏时焉。'"郑玄注："得夏四时之书也，其书存者有《小正》。"另外，据《史记·夏本纪》记载："孔子正夏时，学者多传《夏小正》。"

在上"；七月，"汉案户""初昏织女正东乡""斗柄县在下则旦"；八月，"辰则伏""参中则旦"；九月，"内火""辰系于日"；十月，"初昏南门见""织女正北乡则旦"。

在气象方面，《夏小正》涉及风、雨、旱、冻等，并且还记载：三月，"越有小旱"；四月，"越有大旱"；七月，"时有霖雨"，等等。

《夏小正》中有关动植物的知识非常丰富，在动物方面涉及11种兽类、12种鸟类、11种虫类和4种鱼类，在植物方面涉及12种草本和6种木本。[①]《夏小正》还对许多动植物在各个月份的情况作了记载。除了正月之外，比如动物方面的记载还有：二月，"昆小虫抵蚳""来降燕""有鸣仓庚"；五月，"浮游有殷""鸠则鸣""良蜩鸣""鸠为鹰""唐蜩鸣"；七月，"狸子肇肆""寒蝉鸣"；九月，"陟玄鸟蛰""熊罴貊貉鼬鼪则穴，若蛰而"。植物方面的记载还有：三月，"委杨""拂桐芭"；六月，"煮桃"；八月，"剥瓜""剥枣"；九月，"荣鞠树麦"，等等。

孔子的弟子中对科技最感兴趣的是曾子。李约瑟曾经说过："曾子和他的弟子们对自然现象和自然科学的发端的兴趣，比儒家任何其他派别都大。"[②]据《大戴礼记·曾子天圆》[③]记述，曾子曾经与学生讨论天圆地方的宇宙结构问题。曾子的学生问："天圆而地方者，诚有之乎？"曾子回答说："天之所生上首，地之所生下首，上首之谓圆，下首之谓方。如诚天圆而地方，则是四角不揜也。"在这里，曾子对早期的天圆地方的盖天说宇宙结构提出了责难和怀疑。中国古人的天圆地方的概念很早就已出现，相传是伏羲氏提出来的，并经殷商传至周公，其主要观点是"天圆如张盖，地方如棋局"。到了春秋战国时期，这种天圆地方的概念受到了怀疑，这应当是科学的一大进步。

曾子在对以往的"天圆地方"说提出怀疑的同时，又对"天圆地方"这一概念作了新的诠释。他说：

　　　　参尝闻之夫子曰：天道曰圆，地道曰方。方曰幽而圆曰明。明
　　者，吐气者也，是故外景；幽者，含气者也，是故内景。故，火、

---

①梁家勉：《中国农业科学技术史稿》，农业出版社，1989年，第67～68页。

②（英）李约瑟：《中国科学技术史》第二卷《科学思想史》，科学出版社、上海古籍出版社，1990年，第290页。

③（汉）戴德：《大戴礼记》卷五《曾子天圆》，四部丛刊初编。

日外景而金、水内景；吐气者施而含气者化，是以阳施而阴化也。

阳之精气曰神，阴之精气曰灵；神者，品物之本也。

所谓"天道曰圆，地道曰方"是否孔子所言，尚待确证。但是，曾子实际上是运用这一观点阐述了天地阴阳之气相互作用而产生万物的宇宙论思想。他还说：

> 阴阳之气，各尽其所，则静矣；偏则风，俱则雷，交则电，乱则雾，和则雨。阳气胜，则散为雨露；阴气胜，则凝为霜雪。阳之专气为雹，阴之专气为霰，霰雹者，一气之化也。毛虫，毛而后生；羽虫，羽而后生。毛羽之虫，阳气之所生也。介虫，介而生；鳞虫，鳞而后生。介鳞之虫，阴气之所生也。唯人为倮匈而后生也，阴阳之精也。毛虫之精者曰麟，羽虫之精者曰凤，介虫之精者曰龟，鳞虫之精者曰龙，倮虫之精者曰圣人。

曾子认为，风、雷、雾、雨、露、霜、雪、雹等各种天气现象的出现是由于阴阳之气的相互作用，而且，各种动物以及人也是由阴阳之气所化生的。正是基于对天地万物的认识，曾子进一步指出：

> 圣人慎守日月之数，以察星辰之行，以序四时之顺逆，谓之历；截十二管，以宗八音之上下、清浊，谓之律也。律居阴而治阳，历居阳而治阴。律历迭相治也，其间不容发。圣人立五体以为民望，制五衰以别亲疏，和五声之乐以导民气，合五味之调以察民情，正五色之位成五谷之名，序五牲之先后贵贱。

曾子认为，圣人依照日月运行规律，观测星辰的运行，推演四季天象的变化，制定历法，同时又制定音律，并且通过历法和音律的阴阳相互协调，配以五行，以治理天下。

从曾子与学生讨论天圆地方的宇宙结构中可以看出，曾子对自然规律已经有一定的认识。曾子之后的思孟学派在这一方面又有进展。思孟学派所著《中庸》说："仲尼祖述尧、舜，宪章文、武。上律天时，下袭水土。"认为孔子依据天道行事。又说：

> 天地之道，可一言而尽也。其为物不贰，则其生物不测。天地之道，博也、厚也、高也、明也、悠也、久也。今夫天，斯昭昭之多，及其无穷也，日月星辰系焉，万物覆焉；今夫地，一撮土之

多，及其广厚，载华岳而不重，振河海而不泄，万物载焉；今夫
山，一卷石之多，及其广大，草木生之，禽兽居之，宝藏兴焉；今
夫水，一勺之多，及其不测，鼋鼍、蛟龙、鱼鳖生焉，货财殖焉。

在这里，《中庸》说到了天地间的日月星辰、高山河海、草木禽兽等
等，并且认为，天地自然及其变化完全是依照其自身的规律。《孟子·离娄
下》说：

天下之言性也，则故而已矣；故者，以利为本。所恶于智者，
为其凿也。如智者若禹之行水也，则无恶于智矣。禹之行水也，行
其所无事也。如智者亦行其所无事，则智亦大矣。天之高也，星辰
之远也，苟求其故，千岁之日至，可坐而致也。

在孟子看来，任何事物都有其规律，因此必须依照事物的本来面目去加
以认识；若能这样，即使天高星远，一旦把握其规律，千年的冬至日，也可推
算出来。李约瑟的《中国科学技术史》在引述孟子的这段话时认为，这是一段
"提到天文学的有趣的话"，并且认为，孟子当时大概是想到了天文学家甘德
和石申。[①]

如前所述，孔子反对樊迟学稼，同时他又讲对百姓要"富而教之"，
"使民以时"，要求发展农业生产；孟子也非常重视农业科技，提出要"不违
农时"，认为"不违农时"就能使农业发展，百姓富裕，就能"使民养生丧死
无憾"。孟子还说："五亩之宅，树之以桑，五十者可以衣帛矣；鸡豚狗彘之
畜，无失其时，七十者可以食肉矣；百亩之田，勿夺其时，数口之家可以无饥
矣；谨庠序之教，申之以孝悌之义，颁白者不负戴于道路矣；七十者衣帛食
肉，黎民不饥不寒；然而不王者，未之有也！"（《孟子·梁惠王上》）这里
强调要"无失其时""勿夺其时"，就是要不违农时。从当时农业科技发展的
水平看，有关农时的知识是农业科技的重要内容，重视农时在一定意义上可以
理解为是对农业科技的尊重。

荀子是一个对自然现象有着广泛兴趣并善于通过各种自然现象表达自己
思想的儒家学者。《荀子·劝学》说：

南方有鸟焉，名曰蒙鸠，以羽为巢，而编之以发，系之苇苕，

---

① （英）李约瑟：《中国科学技术史》第四卷《天学》，科学出版社，1975年，第62～63页。

风至苕折，卵破子死。巢非不完也，所系者然也。西方有木焉，名曰射干，茎长四寸，生于高山之上，而临百仞之渊，木茎非能长也，所立者然也。蓬生麻中，不扶而直。兰槐之根是为芷，其渐之滫，君子不近，庶人不服。其质非不美也，所渐者然也。

积土成山，风雨兴焉；积水成渊，蛟龙生焉；积善成德，而神明自得，圣心备焉……螾无爪牙之利，筋骨之强，上食埃土，下饮黄泉，用心一也。蟹六跪而二螯，非蛇蟮之穴，无可寄托者，用心躁也。

荀子对自然现象的巨大兴趣以及细心观察，使得他对自然规律也有一定的认识。《荀子·天论》说："天行有常，不为尧存，不为桀亡。""天有常道矣，地有常数矣。"这里所谓的"常"以及"常道""常数"，都是指自然界变化的规律。

荀子不仅承认自然界有其规律性，而且在对具体自然现象的解释中，反映出他对自然规律性的深刻认识。针对自然界所出现的怪异现象，《荀子·天论》曾说："星坠木鸣，国人皆恐。曰：是何也？曰：无何也！是天地之变，阴阳之化，物之罕至者也。"认为应当从"天地之变，阴阳之化"的自然规律中寻找出现怪异现象的原因。荀子还仔细观察过蚕的生长过程。《荀子·赋》说："冬伏而夏游，食桑而吐丝，前乱而后治，夏生而恶暑，喜湿而恶雨，蛹以为母，蛾以为父，三俯三起，事乃大已，夫是之谓蚕理。"所谓"蚕理"，指的就是蚕的有规律的生长过程。

荀子在阐述自然规律时，较多的是要说明自然规律的客观性。《荀子·天论》说：

不为而成，不求而得，夫是之谓天职。如是者，虽深，其人不加虑焉；虽大，不加能焉；虽精，不加察焉，夫是之谓不与天争职。天有其时，地有其财，人有其治，夫是之谓能参。

在荀子看来，自然界变化有其自身的规律，人不可将自己的主观意志和愿望强加于自然界，这就是"不与天争职"，就是"能参"。同时荀子又认为，自然界的规律虽然是客观的，不以人的主观意志为转移，但是一旦为人所认识，又是可以利用的。《荀子·天论》说：

所志于天者，已其见象之可以期者矣；所志于地者，已其见宜之可以息者矣；所志于四时者，已其见数之可以事者矣；所志于阴阳者，已其见和之可以治者矣。

这里的"志"同"知"。荀子认为，人们认识了自然规律，就可以根据天文规律进行推测，根据土地的性质因地制宜地种植农作物，按照季节的变化安排农事活动，依据阴阳协调的道理治理国家。

此外，荀子还具有生态思想。《荀子·王制》说：

草木荣华滋硕之时，则斧斤不入山林，不夭其生，不绝其长也。鼋鼍鱼鳖鳅鳣孕别之时，罔罟毒药不入泽，不夭其生，不绝其长也。春耕、夏耘、秋收、冬藏，四者不失时，故五谷不绝，而百姓有余食也。汙池渊沼川泽，谨其时禁，故鱼鳖优多，而百姓有余用也。斩伐养长不失其时，故山林不童，而百姓有余材也。

荀子认为，有了丰富的自然资源，还必须合理地开发、利用和保护，这就是《荀子·王制》所强调的"山林泽梁以时禁发"。这里的"发"，就是开发利用；"禁"，就是保护；"以时禁发"，就是要根据自然规律，把自然资源的开发利用与保护紧密结合起来。这样才能使自然资源"不夭其生，不绝其长也"，使百姓"有余食""有余用""有余材"。为此，荀子提出要设立专门负责管理自然资源开发的官员。《荀子·王制》说："修火宪，养山林薮泽草木鱼鳖百索，以时禁发，使国家足用而财物不屈，虞师之事也。"可见，荀子主张从国家政府方面切实保证"以时禁发"。

二、汉唐儒家对科技的研究

汉代儒家普遍对天文历法感兴趣，并有所研究。李约瑟甚至说："天文和历法一直是'正统'的儒家之学。"[1]这一说法表明古代儒家非常重视天文历法。

中国古代的历法大致从西汉经学家刘歆修订《三统历》开始形成体系。《三统历》是在汉初《太初历》的基础上发展而来的。《太初历》以$29\frac{43}{81}$日

① （英）李约瑟：《中国科学技术史》第四卷《天学》，科学出版社，1975年，第2页。

为一朔望月，以$365\frac{385}{1539}$日为一回归年。据《汉书·律历志上》记载，刘歆《三统历》的主要内容是运用"三统"概念来解释历法。所谓的"三统"，刘歆说："三统者，天施、地化、人事之纪也。"就音律而言，黄钟律长九寸，为乾卦的初九，为天统；林钟律长六寸，为坤卦的初六，为地统；太簇律长八寸，象八卦，为人统。

刘歆的《三统历》采用《太初历》的日法81，并且认为，"太极中央元气，故为黄钟，其实一龠，以其长自乘，故八十一为日法"，即9×9＝81。其月法为2392："推大衍象，得月法"，即根据《周易·系辞上》所谓的"大衍之数五十，其用四十有九。分而为二以象两，挂一以象三，揲之以四以象四时，归奇于扐以象闰，五岁再闰，故再扐而后挂"，推得"元始有象一也，春秋二也，三统三也，四时四也，合而为十，成五体。以五乘十，大衍之数也，而道据其一，其余四十九，所当用也，故著以为数，以象两两之，又以象三三之，又以象四四之，有归奇象闰十九，及所据一加之，因以再扐两之，是为月法之实"。这就是：

$$\{[（1+2+3+4）×5-1]×2×3×4+19+1\}×2=2392$$

于是可以推出朔望月的日数：

$$2392÷81=29\frac{43}{81}$$

在《三统历》中，闰法为19："合天地终数，得闰法"，即根据《周易·系辞上》所谓的"天一，地二，天三，地四，天五，地六，天七，地八，天九，地十"，得出天终数为9、地终数为10，9+10＝19。统法为1539："以闰法乘日法，得统法"，即81×19＝1539。会数为47："三天九，两地十，得会数"，即9×3+10×2＝47。章月为235："五位乘会数，得章月"，即47×5＝235。周天为562120："以章月乘月法，得周天"，即2392×235＝562120。于是可以推出回归年的日数：

$$562120÷1539=365\frac{385}{1539}$$

按照以上的方法，还可以从《周易》中推出其他各种历法数据。

《三统历》的以上推断实际上是通过《周易》的易数来解释历数。《三统历》被认为是"我国古代流传下来的一部完整的天文学著作""世界上最早的天文年历的雏形"，[①] 在中国古代历法的发展中，具有很高的地位，而它用易数解释历数的做法也为后世所承袭。

西汉时期，天文学上的宇宙结构理论有三家：盖天说、宣夜说和浑天说，但主要是浑盖之争。据《晋书·天文志上》记载，汉代的盖天说认为，"天似盖笠，地法覆槃，天地各中高外下。北极之下为天地之中，其地最高"；又认为，"天圆如张盖，地方如棋局。天旁转如推磨而左行，日月右行，随天左转，故日月实东行，而天牵之以西没""天形南高而北下，日出高，故见，日入下，故不见。天之居如倚盖，故极在人北"。浑天说则认为，"天如鸡子，地如鸡中黄，孤居于天内，天大而地小。天表里有水，天地各乘气而立，载水而行。周天三百六十五度四分度之一，又中分之，则半覆地上，半绕地下"。重要的是，当时有不少儒家学者参与了浑盖之争，并发挥了重要作用。

汉代儒家桓谭对天文学颇有研究，他曾经在主管刻漏时发现：刻漏的度数随着环境的燥、湿、寒、温的变化而不同，因而在昏、明、昼、夜的不同时候，刻漏的度数也不同。所以，他在白天参照晷影，在晚上参照星宿，从而得到了正确的时间。桓谭在《新论·离事》中曾说："余前为郎，典刻漏，燥湿寒温辄异度，故有昏明昼夜。昼日参以晷景，夜分参以星宿，则得其正。"[②] 在宇宙结构问题上，他反对盖天说，主张浑天说。扬雄作为汉代大儒，对宇宙结构也很有兴趣。他起初相信盖天说，后多次受到桓谭的责难而发生改变。桓谭在《新论·离事》中说：

> 通人扬子云因众儒之说天，以天为如盖转，常左旋，日月星辰随而东西，乃图画形体行度，参以四时历数、昏明昼夜，欲为世人立纪律，以垂法后嗣。余难之曰："春、秋分昼夜欲等，平旦，日出于卯，正东方，暮，日入于酉，正西方。今以天下人占视之，此乃人之卯酉，非天卯酉。天之卯酉，当北斗极。北斗极，天枢，

①陈遵妫：《中国天文学史》（三），上海人民出版社，1984年，第1429～1430页。
②（汉）桓谭：《新论》卷下《离事》，上海人民出版社，1977年，第44页

枢，天轴也；犹盖有保斗矣，盖虽转而保斗不移。天亦转，周匝，斗极常在，知为天之中也。仰视之，又在北，不正在人上。而春、秋分时，日出入乃在斗南。如盖转，则北道远南道近，彼昼夜刻漏之数何从等乎？"子云无以解也。后与子云奏事待报，坐白虎殿廊庑下，以寒故，背日曝背。有顷，日光去，背不复曝焉。因以示子云曰："天即盖转而日西行，其光影当照此廊下而稍东耳，无乃是，反应浑天家法焉！"子云立坏其所作。①

这里记述的是桓谭两次责难扬雄，并促使他改变自己的观点，接受了浑天说。

据《隋书·天文志上》记载，"扬子云难盖天八事，以通浑天"：

其一曰："日之东行，循黄道。昼夜中规，牵牛距北极南百一十度，东井距北极南七十度，并百八十度。周三径一，二十八宿周天当五百四十度，今三百六十度，何也？"

其二曰："春、秋分之日正出在卯，入在酉，而昼漏五十刻。即天盖转，夜当倍昼。今夜亦五十刻，何也？"

其三曰："日入而星见，日出而不见。即斗下见日六月，不见日六月。北斗亦当见六月，不见六月。今夜常见，何也？"

其四曰："以盖图视天河，起斗而东入狼弧间，曲如轮。今视天河直如绳，何也？"

其五曰："周天二十八宿，以盖图视天，星见者当少，不见者当多。今见与不见等，何出入无冬夏，而两宿十四星当见，不以日长短故见有多少，何也？"

其六曰："天至高也，地至卑也。日托天而旋，可谓至高矣。纵人目可夺，水与影不可夺也。今从高山上，以水望日，日出水下，影上行，何也？"

其七曰："视物，近则大，远则小。今日与北斗，近我而小，远我而大，何也？"

其八曰："视盖橑与车辐间，近杠毂即密，益远益疏。今北

---

① （汉）桓谭：《新论》卷下《离事》，上海人民出版社，1977年，第44～45页。

极为天杠毂，二十八宿为天橑辐，以星度度天，南方次地星间当数
倍。今交密，何也？"

关于扬雄的"难盖天八事"，中国科技史家们认为："扬雄对盖天说的
八难中，有五难（第二、四、五、六、八难）是切中要害的，有一难（第七
难）在两可之间，有二难（第一、三难）则是扬雄自己的误解。扬雄八难盖
天，就他个人而言，是由盖天说彻底转向浑天说的一个标志，对当时的浑盖
之争而言，是对盖天说的一次沉重打击，并对浑天说的发展是一次强有力的
推动。"[1]

东汉经学家贾逵在天文学上颇有造诣，他所参与修订的东汉四分历比以
往各家历法有了显著的进步。[2]书"熹平石经"的蔡邕曾受诏与历算家刘洪一
起补续《律历志》。撰《周易注》的经学家陆绩曾作《浑天图》，用《周易》
以及扬雄对天地结构的描述来证明浑天说，中国科技史家们认为，这是"陆绩
完成了浑天说儒学化的工作，这对于浑天说的生存和发展是十分重要的"。[3]

除了天文历法，汉代经学家孟喜把《周易》六十四卦与二十四节气、
七十二物候相配合，并且与《月令》有关物候的知识结合在一起，提出"卦气
说"。自东汉刘洪《乾象历》起，许多历法家把孟喜的"卦气说"引进了自己
的历法之中，"在推算、安排一年的历日时，把卦气说也安排了进去"。[4]

常气	月中节 四正卦	初候 始卦	次候 中卦	末候 终卦
冬至	十一月中 坎初六	蚯蚓结 公中孚	麋角解 辟复	水泉动 候屯（内）
小寒	十二月节 坎九二	雁北乡 候屯（外）	鹊始巢 大夫谦	野鸡始雊 卿睽
大寒	十二月中 坎六三	鸡始乳 公升	鸷鸟厉疾 辟临	水泽腹坚 候小过（内）
立春	正月节 坎六四	东风解冻 候小过（外）	蛰虫始振 大夫蒙	鱼上冰 卿益
雨水	正月中 坎九五	獭祭鱼 公渐	鸿雁来 辟泰	草木萌动 候需（内）

①陈美东：《中国科学技术史·天文学卷》，科学出版社，2003年，第167页。
②陈遵妫：《中国天文学史》（三），上海人民出版社，1984年，第1433页。
③陈美东：《中国科学技术史·天文学卷》，科学出版社，2003年，第232页。
④薄树人：《古代历法中的卦气说》，《薄树人文集》，中国科学技术大学出版社，2003年，第450页。

续表

常气	月中节 四正卦	初候 始卦	次候 中卦	末候 终卦
惊蛰	二月节 坎上六	桃始华 候需（外）	仓庚鸣 大夫随	鹰化为鸠 卿晋
春分	二月中 震初九	玄鸟至 公解	雷乃发声 辟大壮	始电 候豫（内）
清明	三月节 震六二	桐始华 候豫（外）	田鼠化为鴽 大夫讼	虹始见 卿蛊
谷雨	三月中 震六三	萍始生 公革	鸣鸠拂其 羽辟夬	戴胜降于桑 候旅（内）
立夏	四月节 震九四	蝼蝈鸣 候旅（外）	蚯蚓出 大夫师	王瓜生 卿比
小满	四月中 震六五	苦菜秀 公小畜	靡草死 辟干	小暑至 候大有（内）
芒种	五月节 震上六	螳螂生 候大有（外）	鵙始鸣 大夫家人	反舌无声 卿井
夏至	五月中 离初九	鹿角解 公咸	蜩始鸣 辟姤	半夏生 候鼎（内）
小暑	六月节 离六二	温风至 候鼎（外）	蟋蟀居壁 大夫丰	鹰乃学习 卿涣
大暑	六月中 离九三	腐草为萤 公履	土润溽暑 辟遁	大雨时行 候恒（内）
立秋	七月节 离九四	凉风至 候恒（外）	白露降 大夫节	寒蝉鸣 卿同人
处暑	七月中 离六五	鹰祭鸟 公损	天地始肃 辟否	禾乃登 候巽（内）
白露	八月节 离上九	鸿雁来 候巽（外）	玄鸟归 大夫萃	群鸟养羞 卿大畜
秋分	八月中 兑初九	雷乃收声 公贲	蛰虫培户 辟观	水始涸 候归妹（内）
寒露	九月节 兑九二	鸿雁来宾 候归妹（外）	雀入大水蛤 大夫无妄	菊有黄华 卿明夷
霜降	九月中 兑六三	豺乃祭兽 公困	草木黄落 辟剥	蛰虫咸俯 候艮（内）
立冬	十月节 兑九四	水始冰 候艮（外）	地始冻 大夫既济	野鸡入水为蜃 卿噬嗑
小雪	十月中 兑九五	虹藏不见 公大过	天气上腾 地气下降 辟坤	闭塞而成冬 候未济（内）
大雪	十一月节 兑上六	鹖鸟不鸣 候未济（外）	虎始交 大夫蹇	荔挺生 卿颐

崔寔是东汉著名经学家，据《后汉书·崔寔传》记载，他曾"与诸儒博士共杂定五经"。同时，他又撰著了一部在轮廓与内容的排列上与《月令》大致相同的农学著作《四民月令》，书中按照一年十二个月的次序，将各个月份所应当从事的农业生产活动以及其他家庭事务作出有秩序、有计划的安排，被认为"不但是农家月令的开创之作，而且可以称得上是一部代表作"。[①] 遍注群经的郑玄不仅对儒家经典中的科技知识多有阐释和发挥，而且据《后汉书·郑玄传》记载，他还曾经注刘洪《乾象历》，撰《天文七政论》等。

汉代之后，南北朝的经学家崔灵恩对天文学有颇多研究。据《梁书·崔灵恩传》记载，崔灵恩"少笃学，从师遍通'五经'，尤精'三礼'、'三传'"，集注《毛诗》，集注《周礼》，制《三礼义宗》《左氏经传义》《左氏条例》《公羊穀梁文句义》等；同时针对天文学上的浑盖之争，"以浑盖为一"，提出浑盖合一说。

隋朝的刘焯既是经学家，也是天文学家。据《隋书·刘焯传》记载，刘焯"少与河间刘炫结盟为友，同受《诗》于同乡刘轨思，受《左传》于广平郭懋常，问《礼》于阜城熊安生"，后又与刘炫"向经十载，虽衣食不继，晏如也。遂以儒学知名，为州博士"；他不仅研究儒家经学，而且对数学、天文历法多有研究，"贾（逵）、马（融）、王（肃）、郑（玄）所传章句，多所是非；《九章算术》《周髀》《七曜历书》十余部，推步日月之经，量度山海之术，莫不核其根本，穷其秘奥。著《稽极》十卷，《历书》十卷，《五经述义》，并行于世"；由于刘焯在儒学研究方面相当出色，"天下名儒后进，质疑受业，不远千里而至者，不可胜数。论者以为数百年以来，博学通儒，无能出其右者"。同时，他是隋朝时期重要的天文学家，他所编制的《皇极历》把古代历法"向数学化、精密化和合理化的方向推进了一大步"，"标志着我国古代历法已经进入了完全成熟的时期"。[②]

---

① 董恺忱、范楚玉：《中国科学技术史·农学卷》，科学出版社，2000年，第219页。
② 杜石然：《中国古代科学家传记》（上），科学出版社，1992年，第302页。

三、宋元儒家对科技的兴趣

宋元时期的儒家普遍对自然知识以及科技感兴趣。在这一时期的儒家学者中，那些著名的大儒或儒家学派的领袖，从宋初的范仲淹、胡瑗、欧阳修，到北宋以王安石为代表的荆公新学，以司马光为代表的温公学派，以苏轼为代表的蜀学派，以及以周敦颐濂学、邵雍象数学、张载关学、二程（程颢、程颐）洛学为代表的理学派，再到南宋理学大儒朱熹、陆九渊、吕祖谦，以及湖湘学派的胡宏、张栻，浙东事功学派的薛季宣、叶适、陈亮，还有宋末的理学家真德秀、魏了翁、王柏、金履祥、许谦、王应麟和元代的许衡、吴澄等等，大都对自然知识感兴趣，或对科技有所研究。

（一）北宋儒家对科技的兴趣

范仲淹非常重视医学，曾建议选能讲说医书者为医师，"讲说《素问》《难经》等文字，召京城习医生徒听学，并教脉候及修合药饵，其针灸亦别立科教授"。① 他还说：

> 夫能行救人利物之心者，莫如良医。果能为良医也，上以疗君亲之疾，下以救贫民之厄，中以保命长年。在下而能及小大生民者，舍夫良医，则未之有也。②

范仲淹的这段言论后来被概括为"不为良相，愿为良医"的口号而广为流传。

胡瑗对音律学颇有研究。他与阮逸合撰《皇祐新乐图记》，其中对于乐管的规定，"第一次突破了传统的'径三分'之说"，③ 包含了丰富的声学思想和数学思想。他还重视学校教育，以"明体达用"为教育宗旨，提出了"分斋教学"之法，即：

> 立"经义""治事"二斋：经义则选择其心性疏通、有器局、

---

① （宋）范仲淹：《范文正公集·政府奏议》卷下《奏乞在京并诸道医学教授生徒》，四部丛刊初编。

② （宋）吴曾：《能改斋漫录》卷十三《文正公愿为良医》，文渊阁四库全书。

③ 戴念祖：《中国声学史》，河北教育出版社，1994年，第350页。

可任大事者，使之讲明"六经"；治事则一人各治一事，又兼摄一事，如治民以安其生，讲武以御其寇，堰水以利田，算历以明数是也。①

在胡瑗看来，学校就是要教授实用的知识，包括治民、治兵、水利、历算等学科。

欧阳修对《诗经》《易经》以及《春秋》多有研究，撰《诗本义》《易童子问》《易或问》《春秋论》《春秋或问》等。同时，他对自然现象非常感兴趣，认为天地万物变化有其自然之理。他说："凡物，极而不变则弊，变则通，故曰'吉'也。物无不变，变无不通，此天理之自然也。"②"道者，自然之道也；生而必死，亦自然之理也。"③他曾撰《洛阳牡丹记》，被认为是我国现存最早的牡丹专著。④同时他还撰《砚谱》⑤等科技类著作。但是他又说："凡物有常理，而推之不可知者，圣人之所不言也，磁石引针，蝍蛆甘带，松化虎魄。"⑥"蟪蛄是何弃物，草木虫鱼，《诗》家自为一学，博物尤难，然非学者本务。"⑦需要指出的是，欧阳修虽然认为博物"非学者本务"，但并非排斥对自然物的研究。此外，欧阳修门人刘敞"学问渊博，自佛老、卜筮、方药、山经、地志，皆究知大略，尤精于天文"。⑧

王安石认为，读经不应当只是读经书本身，而应当无书不读，兼收并蓄。他自己则"自百家诸子之书，至于《难经》《素问》《本草》、诸小说，无所不读，农夫、女工，无所不问"。⑨他修撰的《周官新义》，对《周官》中的技术类著作《考工记》进行了注释，撰《考工记解》。⑩同时，他还研究自然万物的变化，认为自然界的变化有其自身的规律。他说："天地之于万物，当春生夏长之时，如其有仁爱以及之；至秋冬万物凋落，非天地之不爱也，物理

---

① （清）黄宗羲、全祖望：《宋元学案》（一）卷一《安定学案》，中华书局，1986年，第24页。
② （宋）欧阳修：《欧阳文忠公文集》卷十八《居士集·明用》，四部丛刊初编。
③ （宋）欧阳修：《欧阳文忠公文集》卷六十五《外集·删正黄庭经序》，四部丛刊初编。
④ 罗桂环、汪子春：《中国科学技术史·生物学卷》，科学出版社，2005年，第212～213页。
⑤ （宋）欧阳修：《欧阳文忠公文集》卷七十二《砚谱》，四部丛刊初编。
⑥ （宋）欧阳修：《欧阳文忠公文集》卷一百二十九《笔说·物有常理说》，四部丛刊初编。
⑦ （宋）欧阳修：《欧阳文忠公文集》卷一百二十九《笔说·博物说》，四部丛刊初编。
⑧ （清）黄宗羲、全祖望：《宋元学案》（一）卷四《庐陵学案》，中华书局，1986年，第207页。
⑨ （宋）王安石：《临川先生文集》卷七十三《答曾子固书》，四部丛刊初编。
⑩ （宋）王安石：《周官新义》附《考工记解》，文渊阁四库全书。

之常也。"①"万物莫不有至理焉。能精其理，则圣人也。"②此外，王安石的门人陆佃"著书二百四十二卷，于礼家、名数之说尤精，如《埤雅》《礼象》《春秋后传》皆传于世。"③其中的《埤雅》共记述动物185种，植物92种，对动植物形态、分类、生境、用途乃至历史记载等，都有较详尽的考释，为后人所重视，是北宋时期生物学的重要著作之一。④

司马光"博学无所不通，音乐、律历、天文、书数，皆极其妙"，还撰写过科技类著作，有《历年图》《通历》《游山行记》《医问》等。⑤他讲自然之理，指出："玉蕴石而山木茂，珠居渊而岸草荣，皆物理自然。"⑥他所建"独乐园"中有"采药圃"，"为百有二十畦，杂莳草药，辨其名而揭之"。⑦此外，他还运用阴阳中和之理解释人的疾病的发生，并用以指导养生，指出：

> 夫人之有疾也，必自于过与不及而得之。阴、阳、风、雨、晦、明必有过者焉；饥、饱、寒、燠、劳、逸、喜、怒必有偏者焉；使二者各得其中，无疾矣。阴、阳、风、雨、晦、明，天之所施也；饥、饱、寒、燠、劳、逸、喜、怒，人之所为也。人之所为苟不失其中，则天之所施虽过亦弗能伤矣。木朽而蝎处焉，肉腐而虫聚焉，人之所为不得其中，然后病袭焉。故曰：养备而动时，则天不能病也。⑧

> 孔子曰：智者乐，仁者寿。盖言知夫中和者，无入而不自得，能无乐乎！守夫中和者，清明在躬，志气如神，能无寿乎……《中庸》曰：有德者必得其寿。盖言君子动以中和为节，至于饮食起居，咸得其宜，则阴阳不能病，天地不能夭，虽不导引服饵，不失其寿也。⑨

---

① （元）刘惟永：《道德真经集义》卷十，《道藏》第14册，文物出版社等，1988年，第194页。

② （宋）王安石：《临川先生文集》卷六十六《致一论》，四部丛刊初编。

③ （清）黄宗羲、全祖望：《宋元学案》（四）卷九十八《荆公新学略》，中华书局，1986年，第3258页。

④ 罗桂环、汪子春：《中国科学技术史·生物学卷》，科学出版社，2005年，第186页。

⑤ （宋）苏轼：《苏轼文集》（二）卷十六《司马温公行状》，中华书局，1986年，第491～492页。

⑥ 罗桂环、汪子春：《中国科学技术史·生物学卷》，科学出版社，2005年，第212～213页。

⑦ （宋）司马光：《温国文正司马公文集》卷六十六《独乐园记》，四部丛刊初编。

⑧ （宋）司马光：《温国文正司马公文集》卷六十二《答景仁书》，四部丛刊初编。

⑨ （宋）司马光：《温国文正司马公文集》卷七十一《中和论》，四部丛刊初编。

在司马光看来，守住"中和"，以"中和"为节，就能长寿。

苏轼讲自然之理，指出："山石竹木、水波烟云，虽无常形，而有常理……以其形之无常，是以其理不可不谨也。"[①]因此，他要求探讨自然之理。在探讨岭南地区菊花开花的时间与北方不同的原因时，苏轼说：

> 菊黄中之色香味和正，花叶根实，皆长生药也。北方随秋之早晚，大略至菊有黄花乃开。独岭南不然，至冬乃盛发。岭南地暖，百卉造作无时，而菊独后开。考其理，菊性介烈，不与百卉并盛衰，须霜降乃发，而岭南常以冬至微霜故也。[②]

在这里，苏轼把研究自然之理称作"考其理"。苏轼对自然现象以及科技知识有着广泛的兴趣。他曾撰《种松法》《四花相似说》《菱芡桃杏说》《菊说》等一系列短文，[③]其中涉及许多自然知识和科技知识；同时还对养生学、医药学也有着很大的兴趣，曾撰《养生诀》《食芡法》《胎息法》等养生学短文，[④]以及《求医诊脉》《医者以意用药》等医药学短文。[⑤]此外，苏轼门人秦观撰《蚕书》，有种变、时食、制居、化治、钱眼、锁星、添梯、车、祷神、戎治等节，[⑥]记述了蚕的生活特性、饲养管理方法、缫丝的技术和工具等，是现存最早的蚕桑专著。[⑦]

周敦颐对宇宙的生成颇感兴趣。在诠释《太极图》时，他说：

> 无极而太极。太极动而生阳，动极而静，静极而生阴，静极复动。一动一静，互为其根；分阴分阳，两仪立焉。阳变阴合，而生水、火、木、金、土。五气顺布，四时行焉。五行，一阴阳也；阴阳，一太极也；太极，本无极也。五行之生也，各一其性。无极之真，二五之精，妙合而凝。乾道成男，坤道成女，二气交感，化生万物，万物生生而变化无穷焉。[⑧]

---

① （宋）苏轼：《苏轼文集》（二）卷十一《净因院画记》，中华书局，1986年，第367页。

② （宋）苏轼：《苏轼文集》（六）卷七十三《记海南菊》，中华书局，1986年，第2366页。

③ （宋）苏轼：《苏轼文集》（六）卷七十三《杂记·草木饮食》，中华书局，1986年，第2361~2373页。

④ （宋）苏轼：《苏轼文集》（六）卷七十三《杂记·修炼》，中华书局，1986年，第2335~2340页。

⑤ （宋）苏轼：《苏轼文集》（六）卷七十三《杂记·医药》，中华书局，1986年，第2341~2361页。

⑥ （宋）秦观：《淮海集·淮海后集》卷六《蚕书》，四部丛刊初编。

⑦ 曾雄生：《中国农学史》，福建人民出版社，2012年，第277页。

⑧ （宋）周敦颐：《周敦颐集》卷一《太极图说》，中华书局，1990年，第3~5页。

　　周敦颐的这段论述通过诠释《周易》"易有太极，是生两仪，两仪生四象，四象生八卦"，吸收阴阳五行说，运用"太极""阴阳""五行"等抽象概念，表述了整个宇宙源于太极并由太极化生阴阳、五行、万物的宇宙论。

　　邵雍"观天地之消长，推日月之盈缩，考阴阳之度数，察刚柔之形体"，不仅建构了一个以太极为本原并由此产生出阴阳进而化生万物、万物又复归于阴阳最终归于太极的宇宙图式，而且还进一步描述了自然界万事万物生成变化的具体过程。他认为，太极生阴阳两仪而有天地，天之阴阳动静相交而生天之四象，即太阳、太阴、少阳、少阴，分别为日、月、星、辰，"日月星辰交而天之体尽之矣"；地之刚柔动静相交而生地之四象，即太柔、太刚、少柔、少刚，分别为水、火、土、石，"水火土石交而地之体尽之矣"。他还说：

　　　　日为暑，月为寒，星为昼，辰为夜，暑寒昼夜交而天之变尽之矣。水为雨，火为风，土为露，石为雷，雨风露雷交而地之化尽之矣。暑变物之性，寒变物之情，昼变物之形，夜变物之体，性情形体交而动植之感尽之矣。雨化物之走，风化物之飞，露化物之草，雷化物之木，走飞草木交而动植之应尽之矣。[①]

　　此外，邵雍对历法多有研究，认为研究历法不能"但知历法，不知历理"，而应当"知历法，又知历理"。[②]邵雍还对天体结构以及各种天文现象进行了解释。据他的《渔樵问答》所述：樵者问渔者曰："天何依？"曰："依乎地。""地何附？"曰："附乎天。"曰："然则天地何依何附？"曰："自相依附。天依形，地附气。其形也有涯，其气也无涯……"[③]认为天地之间充满着气，使得天地能够自相依附。他还说：

　　　　天圆而地方，天南高而北下，是以望之如倚盖焉。地东南下西北高，是以东南多水，西北多山也。

　　　　天行所以为昼夜，日行所以为寒暑。夏浅冬深，天地之交也。左旋右行，天日之交也。日朝在东，夕在西，随天之行也。夏在北，冬在南，随天之交也。天一周而超一星，应日之行也。春酉

---

① （宋）邵雍：《皇极经世书》卷十一《观物篇五十一》，文渊阁四库全书。
② （宋）邵雍：《皇极经世书》卷十三《观物外篇上》，文渊阁四库全书。
③ （清）黄宗羲、全祖望：《宋元学案》（一）卷九《百源学案上》，中华书局，1986年，第383页。

正，夏午正，秋卯正，冬子正，应日之交也。

日以迟为进，月以疾为退，日月一会而加半日减半日，是以为闰余也。日一大运而进六日，月一大运而退六日，是以为闰差也。[①]

张载讲"气"，并以"气"的聚散解释宇宙天地之间万事万物的生成以及构成元素，形成了气学自然观。在此基础上，他进一步具体解释宇宙天地的结构、日月五星的运行、月亮之变化与大地之升降，探讨自然变化原因以及人的生死等等。笔者还曾就此撰《为天地立心——张载自然观》。[②]

二程讲"理"，同时也包括自然之理，以为"一草一木皆有理，须是察"，[③]"'多识于鸟兽草木之名'，所以明理也"。[④]还说："穷物理者，穷其所以然也。天之高，地之厚，鬼神之幽显，必有所以然者。"[⑤]这就形成了理学自然观。而且，二程对自然界的事物多有研究，在天文、气象等方面多有论述。二程说：

天地之中，理必相直，则四边当有空阙处。空阙处如何，地之下岂无天？今所谓地者，特于天中一物尔。如云气之聚，以其久而不散也，故为对。凡地动者，只是气动。凡所指地者，只是土，土亦一物尔，不可言地。[⑥]

在二程看来，地为"气"聚而成，为"天中一物"。二程还认为，天地的变化都是由于阴阳变化所造成的，指出：

天地阴阳之变，便如二扇磨，升降盈亏刚柔，初未尝停息，阳常盈，阴常亏，故便不齐。譬如磨既行，齿都不齐，既不齐，便生出万变。[⑦]

天地之化，既是二物，必动已不齐。譬之两扇磨行，便其齿齐，不得齿齐。既动，则物之出者，何可得齐？转则齿更不复得

① （宋）邵雍：《皇极经世书》卷十四《观物外篇下》，文渊阁四库全书。
② 乐爱国：《为天地立心——张载自然观》，海天出版社，2013年。
③ （宋）程颢、程颐：《河南程氏遗书》卷十八，《二程集》（一），中华书局，1981年，第193页。
④ （宋）程颢、程颐：《河南程氏遗书》卷二十五，《二程集》（一），中华书局，1981年，第323页。
⑤ （宋）程颢、程颐：《河南程氏粹言》卷二，《二程集》（四），中华书局，1981年，第1272页。
⑥ （宋）程颢、程颐：《河南程氏遗书》卷二下，《二程集》（一），中华书局，1981年，第55页。
⑦ （宋）程颢、程颐：《河南程氏遗书》卷二上，《二程集》（一），中华书局，1981年，第32～33页。

齐。从此参差万变，巧历不能穷也。①

二程认为，阴阳变化"不齐"，就有了相互作用，"阴阳之交相摩轧，八方之气相推荡，雷霆以动之，风雨以润之，日月运行，寒暑相推，而成造化之功。"②从阴阳变化的"不齐"，二程还论及"岁差"的原因，说：

阴阳盈缩不齐，不能无差，故历家有岁差法。③

历象之法，大抵主于日，日一事正，则其他皆可推。洛下闳作历，言数百年后当差一日，其差理必然。何承天以其差，遂立岁差法。其法，以所差分数，摊在所历之年，看一岁差着几分，其差后亦不定。④

此外，二程还用阴阳变化来解释各种天象和气象。在论及月食形成的原因时，二程说："月受日光而日不为之亏，然月之光乃日之光也。"⑤"月不受日光故食。不受日光者，月正相当，阴盛亢阳也……月不下日，与日正相对，故食。"⑥在解释雨、霜、露、雹、雷电以及寒暑变化时，二程说："阳唱而阴和，故雨。"⑦"霜，金气，星月之气。露亦星月之气……雹是阴阳相搏之气，乃是沴气。"⑧"电者阴阳相轧，雷者阴阳相击也。轧者如石相磨而火光出者，电便有雷击者是也。"⑨"冬寒夏暑，阴阳也。"⑩对于各种自然物的形成，二程还用"气化"加以解释，指出："万物之始，皆气化；既形，然后以形相禅，有形化；形化长，则气化渐消。"⑪"日月星辰，皆气也。"⑫"天气降而至于地，地中生物者，皆天气也。"⑬"陨石无种，种于气。麟亦无种，亦气化。厥初生民亦如是。"⑭二程认为，各种自然物，如草木禽兽以至于人，最初都是气化而生，"有气化生之后而种生者"。⑮

---

① （宋）程颢、程颐：《河南程氏遗书》卷二上，《二程集》（一），中华书局，1981年，第31页。
② （宋）程颢、程颐：《河南程氏经说》卷一，《二程集》（四），中华书局，1981年，第1027页。
③⑫ （宋）程颢、程颐：《河南程氏遗书》卷十一，《二程集》（一），中华书局，1981年，第122页。
④ （宋）程颢、程颐：《河南程氏遗书》卷十五，《二程集》（一），中华书局，1981年，第150页。
⑤⑬ （宋）程颢、程颐：《河南程氏遗书》卷十一，《二程集》（一），中华书局，1981年，第129页。
⑥ （宋）程颢、程颐：《河南程氏遗书》卷十一，《二程集》（一），中华书局，1981年，第130页。
⑦ （宋）程颢、程颐：《河南程氏遗书》卷二上，《二程集》（一），中华书局，1981年，第36页。
⑧ （宋）程颢、程颐：《河南程氏遗书》卷十八，《二程集》（一），中华书局，1981年，第238页。
⑨ （宋）程颢、程颐：《河南程氏遗书》卷二下，《二程集》（一），中华书局，1981年，第57页。
⑩ （宋）程颢、程颐：《河南程氏遗书》卷十一，《二程集》（一），中华书局，1981年，第121页。
⑪ （宋）程颢、程颐：《河南程氏遗书》卷五，《二程集》（一），中华书局，1981年，第79页。
⑭ （宋）程颢、程颐：《河南程氏遗书》卷十五，《二程集》（一），中华书局，1981年，第161页。
⑮ （宋）程颢、程颐：《河南程氏遗书》卷十八，《二程集》（一），中华书局，1981年，第199页。

（二）南宋儒家对科技的兴趣

朱熹把《大学》"格物"解说为"即物穷理"，建立了完整的格物致知论体系。同时，他的"格物"包含了对自然的研究。因此，他深入观察自然，阐发前人的科学成果，在科学思想上多有创新，被认为"是我国历史上一位有相当成就的自然科学家"。笔者所撰《走进大自然的宋代大儒——朱熹的自然研究》对此作过详细论述。[①]

陆九渊讲"宇宙便是吾心，吾心即是宇宙"，[②] 但对自然很感兴趣。他曾对天文历法有所研究，对天体结构作过详细的描述。他说：

> 天体圆如弹丸，北高南下，北极出地上三十六度，南极入地下三十六度，南极去北极直径一百八十二度强。天体隆曲，正当天之中央，南北二极中等之处，谓之赤道，去南北极各九十一度。春分日行赤道，从此渐北。夏至行赤道之北二十四度，去北极六十七度，去南极一百一十五度。从夏至以后，日渐南至。秋分还行赤道与春分同。冬至行赤道之南二十四度，去南极六十七度，去北极一百一十五度。其日之行处，谓之黄道。又有月行之道，与日相近，交路而过，半在日道之里，半在日道之表，其当交则两道相合，去极远处两道相去六度，此其日月行道之大略也。[③]

同时，陆九渊对唐代天文学家僧一行大为赞赏，指出："一行数妙甚，聪明之极，吾甚服之。"[④] 他还肯定历法的改制，指出："夫天左旋，日月星纬右转，日夜不止，岂可执一？故汉、唐之历屡变，本朝二百余年，历亦十二三变。圣人作《易》，于《革卦》言：'治历明时'，观《革》之义，其不可执一，明矣。"[⑤] 此外，陆九渊还对农学颇有研究。他说：

> 吾家治田，每用长大镬头，两次锄至二尺许，深一尺半许外，方容秧一头。久旱时，田肉深，独得不旱。以他处禾穗数之，每穗谷多不过八九十粒，少者三五十粒而已。以此中禾穗数之，每穗少

---

①乐爱国：《走进大自然的宋代大儒——朱熹的自然研究》，海天出版社，2014年。
②（宋）陆九渊：《陆九渊集》卷二十二《杂说》，中华书局，1980年，第273页。
③（宋）陆九渊：《陆九渊集》卷二十二《杂著》，中华书局，1980年，第272页。
④（宋）陆九渊：《陆九渊集》卷三十五《语录下》，中华书局，1980年，第464页。
⑤（宋）陆九渊：《陆九渊集》卷三十五《语录下》，中华书局，1980年，第431页。

者尚百二十粒，多者至二百余粒。每一亩所收，比他处一亩不啻数倍，盖深耕易耨之法如此。①

与朱熹、陆九渊一样，吕祖谦也主张广泛研究各种事物。他说：

吾侪所以不进者，只缘多喜与同臭味者处，殊欠泛观广接。故于物情事理多所不察，而根本渗漏处往往鲁莽不见。要须力去此病乃可。②

这里所谓"泛观广接"，也包括对自然事物的研究。吕祖谦还说："世之学者，仰则欲知天文，俯则欲知地理，大则欲知治乱兴衰之迹，小则欲知草木虫鱼之名。"③所以，他赞同二程所谓"多识于鸟兽草木之名，所以明理也"。④正因为如此，吕祖谦对自然事物有很大的兴趣。每次外出时，他都留心观察周围的自然现象。他的《入越录》详细记述了淳熙元年（1174年）八月二十八日至九月十五日他与友人自金华到会稽出游的所见，其中包括各种气象变化、自然景观、地理山川、竹木花草等；《入闽录》详细记述了淳熙二年（1175年）三月二十一日至四月初五他自婺州至武夷会见朱熹的路途所见，其中包括了对各种自然物的记述。最为著名的是他的《庚子·辛丑日记》。该日记记录了淳熙七年（1180年）正月初一至淳熙八年（1181年）七月二十八日的所见，包括气候的变化、植物的生长、动物的活动等。中国科技史家们认为，这份日记"记有腊梅、樱桃、杏、桃、紫荆、李、海棠、梨、蔷薇、蜀葵、萱草、莲、芙蓉、菊等20多种植物开花和第一次听到春禽、秋虫鸣叫的时间"，并且指出："这份物候资料非常宝贵，是世界现存最早的凭实际观测获得的记录。"⑤

湖湘学派的胡宏以"性"为本，把"性"看作是宇宙本体，同时又认为天地通过阴阳二气的相互作用而化生万物。他指出：

---

① （宋）陆九渊：《陆九渊集》卷三十四《语录上》，中华书局，1980年，第424页。
② （宋）吕祖谦：《东莱吕太史别集》卷九《与刘衡州》，《吕祖谦全集》（一），浙江古籍出版社，2008年，第453页。
③ （宋）吕祖谦：《左氏博议》卷二，《吕祖谦全集》（六），浙江古籍出版社，2008年，第54页。
④ （宋）吕祖谦：《吕氏家塾读诗记》卷一，《吕祖谦全集》（四），浙江古籍出版社，2008年，第2页。
⑤ 曹婉如：《中国古代的物候历和物候知识》，自然科学史研究所：《中国古代科技成就》，中国青年出版社，1978年，第262页。

阳得阴而为雨，阴得阳而为风，刚得柔而为云，柔得刚而为雷。雨生于水，露生于土，雷生于石，电生于火；雷与风同为阳之极，故有电必有风。阳交乎阴而生蹄角之类，刚交乎柔而生根荄之类，阴交乎阳而生羽翼之类，柔交乎刚而生枝干之类。天交于地，地交于天，故有羽而走者、足而腾者、草而木者、木而草者，此物之所以万也。①

同时，胡宏还用阴阳五行理论对以往的宇宙结构学说作出描述和解释。他说：

天浑浑于上不可测也。观斗之所建，则知天之行矣。天行所以为昼夜，日月所以为寒暑。夏浅冬深，天地之交也；左旋右行，天日之交也。日，朝东夕西，随天之行也；夏北冬南，随天之交也；天一周而超一星，应日之行也。②

胡宏对日月在天球上的轨迹也作了描述。他说：

阴阳保合，元气运行，周天三百六十五度四分度之一。二十八宿之躔次，即天度也。天道起于子，自北东行，周十二辰而为一昼夜；行一周则东超一度与日相应。五日为一候，三候为一气，六气为一时，四时而成岁。日自牵牛东北西行，一昼夜行一度而为一日；月随日西行，一昼夜行十三度十九分度之七，其行度也，有赢缩，故或二十九周或三十周而日月会。是以三五而盈，三五而阙，有晦有朔而为一月。③

湖湘学派由张栻而集大成。张栻讲"万物有自然之理"，④而且还进一步提出"观其物之文，则知物之理"，⑤明显具有探讨物之理的意味。同时，他较为关注在把握物之理的过程中人心所具有的重要作用。他说：

天下之生久矣，纷纭轇轕，曰动曰植，变化万端，而人为天地之心。盖万事具万理，万理在万物，而其妙著于人心。一物不体则

---

① （宋）胡宏：《皇王大纪》卷一《三皇纪·盘古氏》，文渊阁四库全书。
② （宋）胡宏：《皇王大纪》卷一《三皇纪·燧人氏》，文渊阁四库全书。
③ （宋）胡宏：《皇王大纪》卷二《五帝纪·黄帝轩辕氏》，文渊阁四库全书。
④ （宋）张栻：《南轩易说》卷三《说卦》，文渊阁四库全书。
⑤ （宋）张栻：《南轩易说》卷二《系辞》，文渊阁四库全书。

一理息，一理息则一事废。一理之息，万理之紊也；一事之废，万
理之堕也。心也者，贯万事统万理而为万物之主宰者也。①

张栻认为，在认识万事、万理的过程中，心"为万物之主宰者"。但同
时他也认为，物之理具有客观性。他说："天下之言性，言天下之性也，故者
本然之理，非人之所得而为也；有是理则有是事，有是物。夫其有是理者，性
也。顺其理而不违，则天下之性得矣。"②认为本然之理是独立于人之外的，
因此要求"顺其理而不违"。

浙东事功学派的薛季宣主张道器不相分离，因而非常重视"器"，"自
'六经'之外，历代史、天官、地理、兵、刑、农、末，至于隐书小说，靡不
搜研采获"。③他还曾作《序辊弹漏刻》，④详细记载了辊弹漏刻的结构和功
能。此外，薛季宣的侄子薛叔似，"雅慕朱子，穷道德性命之旨，谈天文、地
理、钟律、象数之学，有稿二十卷"。⑤

叶适用阴阳五行说解释自然事物的变化。他说：

夫天地以大用付于阴阳，阴阳之气运而成四时，杀此生彼。

飘风骤雨，非天地之意也；若其陵肆发达，起于二气之争，至
于过甚，亦有天地所不能止者矣。⑥

五行之物，遍满天下，触之即应，求之必得，而谓其生成之数
必有次第，盖历家立其所起以象天地之行，不得不然也。⑦

同时，叶适还认为，"欲折衷天下之义理，必尽考详天下之事物而后不
谬"，⑧因而重视对于自然事物的研究。他说：

絪缊芒昧，将形将生，阴阳晦明，风雨霜露，或始成卒，山川
草木，形著懋长，高飞之翼，蛰居之虫，若夫四时之递至，声气之
感触，华实荣耀，消落枯槁，动于思虑，接于耳目，无不言也。⑨

---

① （宋）张栻：《南轩集》卷十二《敬斋记》，文渊阁四库全书。
② （宋）张栻：《癸巳孟子说》卷四《离娄下》，文渊阁四库全书。
③ （宋）陈傅良：《止斋集》卷五十一《薛公行状》，文渊阁四库全书。
④ （宋）薛季宣：《浪语集》卷三十《序辊弹漏刻》，文渊阁四库全书。
⑤ （清）黄宗羲、全祖望：《宋元学案》（三）卷五十二《艮斋学案》，中华书局，1986年，第1699页。
⑥ （宋）叶适：《习学记言》卷十五《老子》，文渊阁四库全书。
⑦ （宋）叶适：《习学记言》卷二十九《唐书·表志》，文渊阁四库全书。
⑧ （宋）叶适：《水心文集》卷二十九《题姚令威西溪集》，《叶适集》（中），中华书局，2010年，
第614页。
⑨ （宋）叶适：《水心别集》卷五《诗》，《叶适集》（下），中华书局，2010年，第699页。

陈亮重视技艺。他说："万物皆备于我，而一人之身，百工之所为具……有一不具，则人道为有阙，是举吾身而弃之也。"①因此，他还撰科技方面的论文《度量权衡》《江河淮汴》等。②此外，陈亮的学侣倪朴著《舆地会元》，"备列天下山川险夷，户口虚实，以证其兵战之所出。又绘之为图，张之屋壁"，独为陈亮所心敬之。③陈亮一派的学者中，还有吴莱，"博极群书，至于制度沿革、阴阳律历、兵谋术数、山经地志、字学族谱之属，无所不通"。④

（三）宋末及元代儒家对科技的兴趣

朱熹后学中有不少学者对自然以及科技知识感兴趣。真德秀不仅在学术上恪守朱熹的格致论，而且在诠释朱熹格致论的同时，对所涉及的自然知识也作了进一步的阐发。真德秀所撰《西山读书记》卷三十七有《阴阳》和《天地之形体》两篇，其中《阴阳》篇阐述了朱熹、张载对于自然界阴阳变化的解释，《礼记正义》对《月令》有关自然变化的解释，朱熹《楚辞集注·天问》有关天文的论述，以及董仲舒、周敦颐、《易传》、邵雍等有关天地自然变化与阴阳关系的论述；《天地之形体》篇阐述了朱熹、邵雍、二程、张载等有关天体结构的论述。⑤《西山读书记》卷三十八有《天地之道》《天地之心》《乾坤》《五行》四篇，其中《天地之道》和《天地之心》两篇阐述了二程、张载、朱熹等有关天地之道、天地之心的论述；《乾坤》篇阐述了《易传》有关"乾""坤"的论述以及朱熹的注释，涉及天地自然变化；《五行》篇阐述了《尚书·洪范》以及《尚书正义》《易传》《礼记·月令》、周敦颐、邵雍、张载、朱熹等对天地自然变化与五行关系的论述。⑥《西山读书记》卷

① （宋）陈亮：《陈亮集》（上）卷四《问答下》，中华书局，1987年，第44页。
② （宋）陈亮：《陈亮集》（上）卷十二《度量权衡》《江河淮汴》，中华书局，1987年，第138~140页。
③ （清）黄宗羲、全祖望：《宋元学案》（三）卷五十六《龙川学案》，中华书局，1986年，第1845~1846页。
④ （清）黄宗羲、全祖望：《宋元学案》（三）卷五十六《龙川学案》，中华书局，1986年，第1859页。
⑤ 参见（宋）真德秀：《西山读书记》卷三十七《阴阳》《天地之形体》，文渊阁四库全书。
⑥ 参见（宋）真德秀：《西山读书记》卷三十八《天地之道》《天地之心》《乾坤》《五行》，文渊阁四库全书。

三十九有《日月星辰》和《雷霆风雨之属》两篇，其中《日月星辰》篇运用朱熹的天体结构思想对《尚书·尧典》作了解释，对《礼记·月令》中有关天象的论述作了注释，并且还阐述了朱熹、邵雍、二程、张载等关于日月星辰的论述；《雷霆风雨之属》篇则对朱熹等理学家关于雷霆风雨的解释作了阐述。① 此外，真德秀对医学、农学也有过研究。明代高濂所撰《遵生八笺》收录有真德秀的《真西山先生卫生歌》一卷，② 计九十六句，六百七十二字；涉及饮食、起居、炼养等方面的养生知识。真德秀在为地方官期间，写过不少包含农学思想的"劝农文"，主要有《长沙劝耕》《再守泉州劝农文》等。他的劝农文有用诗歌写成的，如《长沙劝耕》云："田里工夫著得勤，翻锄须熟粪须均。插秧更要当时节，趁取阳和三月春。闻说陂塘处处多，并工修筑莫蹉跎。十分积取盈堤水，六月骄阳奈汝何。"③ 有些劝农文简洁明了，如《再守泉州劝农文》说："春宜深耕，夏宜数耘，禾稻成熟，宜早收敛，豆麦黍粟，麻芋菜蔬，各宜及时，用功布种。陂塘沟港，潴蓄水利，各宜及时，用功浚治，此便是用天之道。高田种早，低田种晚，燥处宜麦，湿处宜禾，田硬宜豆，山畲宜粟，随地所宜，无不栽种，此便是因地之利。"④ 这些劝农文均包含了丰富的农学知识。

魏了翁强调广泛地格物，因而对自然知识，尤其是对天文历法也有一定的兴趣。他撰《九经要义》，对"九经"以及各种注疏中所包含的不少天文历法知识作了阐发。比如，在《礼记要义》中，他对所涉及的"周天里度之数指诸星以为天""地与星辰俱有四游升降""星辰亦随地升降""日与星辰四游相反相去三万里""月行有迟速诸星皆周天外行一度""月与星辰日照乃有光""辰随天左行日月星右行""十月天气上腾其实反归地下"等等，作了具体的阐释。⑤ 比如，在解释"月行有迟速诸星皆周天外行一度"时，魏了翁采孔颖达《礼记正义》所说："凡二十八宿及诸星，皆循天左行，一日一夜一周天；一周天之外，更行一度，计一年三百六十五周天四分度之一。日月五星则

①参见（宋）真德秀：《西山读书记》卷三十九《日月星辰》《雷霆风雨之属》，文渊阁四库全书。
②（明）高濂：《遵生八笺》卷一《清修妙论笺上》"真西山先生卫生歌"，文渊阁四库全书。
③（宋）真德秀：《西山先生真文忠公文集》卷一《长沙劝耕》，四部丛刊初编。
④（宋）真德秀：《西山先生真文忠公文集》卷四十《再守泉州劝农文》，四部丛刊初编。
⑤（宋）魏了翁：《礼记要义》卷六《月令》，四部丛刊续编。

右行。日，一日一度；月，一日一十三度十九分度之七，此相通之数也。今历家之说，则月一日至于四日行最疾，日行十四度余；自五日至八日行次疾，日行十三度余；自九日至十九日行则迟，日行十二度余；自二十日至二十三日又小疾，日行十三度余；自二十四日至于晦行又最疾，日行一十四度余；此是月行之大率也。二十七日月行一周天，至二十九日强半，月及于日，与日相会，乃为一月。"[①] 由此可见，魏了翁对于当时的天文历法是有所研究的。此外，他还撰《正朔考》。这是一部历法史著作，《四库全书总目·正朔考》指出："其书力主周行夏时之说。首举《豳风·七月》诗，次考'六经'及先秦古书与历代正史所书之月，皆为夏正，而以改时改月为世儒之臆说。"[②]

金华朱子学一脉中，王柏对自然知识有极大的兴趣。据《宋史·王柏列传》记载，他的著述中有《天文考》《地理考》等科学著作。现存的《天地万物造化论》则是他的科学论文。在论及天文时，该文指出：

> 天形如弹丸，半覆地上，半隐地下，其势斜倚，故天行健。北高故极出地三十六度；南下故极入地三十六度；周天三百六十五度四分度之一。昼则自左而向右，夜则自右而复左。天依形，故运行太虚冲漠之际而无停；天（地）附气，故束于劲风旋转之中而不坠。气积于阳，而其精外明者，谓之日；气积于阴，而其魄含景者，谓之月。体生于地，精浮于天者，谓之星。经星则丽天而左行；七政则违天而右绕，譬诸蚁行磨上，磨左旋而蚁右行，磨疾而蚁迟，故不得不随磨而右左（左旋）焉。[③]

除了天文，该文还涉及气候、气象、地理、海潮、动物、植物等诸多方面的论述。

金履祥认为，格物就是要格天下之事物，要"随物皆格"。他说：

> 随遇皆物，随物皆格。极其小，虽草木、鸟兽之微，非可遗；极其大，虽天地、阴阳之化，非可外……即事即物，推而穷之，莫不求其所以然之故，与其至善之所在而不可易者，此谓格物。[④]

———————————————

① （宋）魏了翁：《礼记要义》卷六《月令》，四部丛刊续编。

② （清）永瑢、纪昀等：《四库全书总目》卷一百二十六《子部·杂家类存目·正朔考》，文渊阁四库全书。

③ （宋）王柏：《鲁斋集》（一）卷二《天地万物造化论》，中华书局，1985年，第29页。

④ （元）金履祥：《大学疏义》，文渊阁四库全书。

所谓"随物皆格"，就是要研究所遇到的一切事物。由于强调广泛地格物，据《元史·金履祥列传》记载，金履祥"凡天文、地形、礼乐、田乘、兵谋、阴阳、律历之书，靡不毕究"。而且，他在传注《尧典》时，大量吸取朱熹以及历代天文学家的天文知识，并对"定闰法"作了详细的叙述；在传注《禹贡》时，则补充了大量的地理知识。① 此外，他还撰地理著作《中国山水总说》等。②

许谦博学多识，据《元史·许谦列传》记载，他"于书无不读，穷探圣微，虽残文羡语，皆不敢忽""其他若天文、地理、典章、制度、食货、刑法、字学、音韵、医经、术数之说，亦靡不该贯"。在诠释《尚书》的《尧典》《禹贡》等篇时，他运用了不少天文、地理知识。③ 并且还撰天文学论文《七政疑》，对日月五星左旋说提出质疑，指出其七个可疑之处，其中说道：

> 天体左旋，七政右逆，则七政皆附著天体，迟速虽顺其性，而西行则为天之所牵尔。然有所倚著，各得循序。若七政与天同西行，恐错乱纷杂，似泛然无统，一也……若七政随天西行，则天自天，星自星，不可附著天体，但附著则为东行矣。然则星家所谓迟疾伏，皆为最缓而不及天，所谓留则不可言留，乃行而与天同健，一日皆能过于太阳一度；至于所谓退，乃更速过于天运矣，七也。④

王应麟是宋元之际大儒，博学多识，著述宏富，其中有一些属于科技类著作。他的《六经天文编》是一部天文学史著作，"是编裒'六经'之言天文者，以《易》《书》《诗》所载为上卷，《周礼》《礼记》《春秋》所载为下卷……采录先儒经说为多，义有未备，则旁涉史志以明之"。⑤ 他的《诗地理考》《通鉴地理通释》为地理学著作，其中《诗地理考》"全录郑氏《诗谱》，又旁采《尔雅》《说文》《地志》《水经》以及先儒之言，凡涉于《诗》中地名者，荟萃成编"；⑥《通鉴地理通释》"以《通鉴》所载地名，

---

① （元）金履祥：《资治通鉴前编》卷一，文渊阁四库全书。
② （元）金履祥：《仁山文集》卷三《中国山水总说》，文渊阁四库全书。
③ （元）许谦：《读〈书〉丛说》卷二《尧典》、卷四《禹贡》，文渊阁四库全书。
④ （元）许谦：《读〈书〉丛说》卷二《七政疑》，文渊阁四库全书。
⑤ （清）永瑢、纪昀等：《四库全书总目》卷一百六《子部·天文算法类·六经天文编》，文渊阁四库全书。
⑥ （清）永瑢、纪昀等：《四库全书总目》卷十五《经部·诗类一·诗地理考》，文渊阁四库全书。

异同沿革，最为纠纷，而险要阨塞所在，其措置得失，亦足为有国者成败之鉴，因各为条列，厘订成编。"①有学者认为，"《通鉴地理通释》基本上论述到历代疆域政区沿革的基本方面，成为流传至今的第一部系统论述历代疆域政区沿革的著作"。②此外，他的《玉海》《困学纪闻》也包含了丰富的有关天文历法和地理学的内容。尤为重要的是，他所编蒙学读物《小学绀珠》包含了丰富的天文学、地理学等方面的知识，反映出王应麟的科技教育思想。

元代儒学，"南有吴澄，北有许衡"。吴澄追随朱熹讲格物。他甚至还说："通天地人曰儒，一物不知、一事不能，耻也。"③"儒而不通天地人，其不与得道之名也。"④因此，他对自然界事物也有广泛兴趣，并进行了研究。他的《原理有跋》对宇宙形成、天体结构、天体运行、南北极、日月食等作了叙述。⑤他赞同朱熹有关日月五星左旋说，并引入了日月五星运动的盈缩变化。他说：

> 天行最速，一日过了太虚空盘一度。镇星之行，比天稍迟，于太虚盘中虽略过了些子，而不及于天，积二十八个月则不及天三十度。岁星之行，比镇星尤迟，其不及于天，积十二个月与天争差三十度。荧惑之行，比岁星更迟，其不及于天，积六十日争差三十度。太阳之行，比荧惑又迟，但在太虚之盘中一日行一周匝，无余无欠，比天之行一日不及天一度，积一月则不及天三十度。太白之行，稍迟于太阳，但有疾时，迟疾相准，则与太阳同。辰星之行，又稍迟于太白，但有疾时，迟速相准，则与太白同。太阴之行最迟，一日所行比天为差十二三四度，其行迟，故退度最多。⑥

对此，中国科技史家们认为，吴澄把日月五星运动的盈缩变化引进于左旋说之中，"是对左旋说的一大改进"。⑦除了天文学，吴澄对医学也非常重

①（清）永瑢、纪昀等：《四库全书总目》卷四十七《史部·编年类·通鉴地理通释》，文渊阁四库全书。
②谭其骧：《中国历代地理学家评传》（二），山东教育出版社，1990年，第191～192页。
③（元）吴澄：《吴文正集》卷五十七《题杨氏忠雅堂记后》，文渊阁四库全书。
④（元）吴澄：《吴文正集》卷六十四《上卿大宗师辅成赞化保运神德真君张公道行碑》，文渊阁四库全书。
⑤（元）吴澄：《吴文正集》卷一《原理有跋》，文渊阁四库全书。
⑥（元）吴澄：《吴文正集》卷二《答人问性理》，文渊阁四库全书。
⑦陈美东：《中国科学技术史·天文学卷》，科学出版社，2003年，第507页。

视。他说："医、儒一道也。儒以仁济天下之民，医之伎独非济人之仁乎？"①
又说："儒之道，仁而已。爱者，仁之用。而爱之所先，爱亲、爱身最大。亲
者，身之本也，不知爱亲，则忘其本。身者，亲之枝也，不知爱身，则伤其
枝。爱亲、爱身而使之寿且康，非医，其孰能？故儒者不可以不知医也。"②
此外，吴澄在为国子监拟定的"教法"中，把科技知识也列入其中。该"教
法"四条：一曰经学，二曰行实，三曰文艺，四曰治事，其中"四曰治事：选
举、食货、礼仪、乐律、算法、吏文、星历、水利，各于所习，读《通典》
《刑统》《算经》诸书"。③

　　许衡作为理学家，曾对明代《授时历》的编制发挥了重要作用。据《元
史·许衡传》载：元世祖至元十三年（1276年），忽必烈下诏命令王恂编制新
历法。王恂以为，"历家知历数而不知历理"，于是推荐许衡来主持工作。许
衡以为"冬至者历之本，而求历本者在验气"，所以与太史令郭守敬等一起重
新制作仪象圭表，并重新测定、校正历法数据。又据《元史·王恂传》记载：
"恂与衡及杨恭懿、郭守敬等，遍考历书四十余家，昼夜测验，创立新法，
参以古制，推算极为精密"。另据《元史·历志一》记载：他们"参考累代历
法，复测候日月星辰消息运行之变，参别同异，酌取中数，以为历本"。至元
十七年（1280年），新历告成，以儒家经典《尚书·尧典》中"敬授民时"为
据，命名为《授时历》，颁行天下。《授时历》被认为是"我国古代最优秀的
历法""把古代历法体系推向高峰"。④除了对《授时历》的编制起了重要作
用，许衡还对医学有所研究，曾撰写《吴氏伤寒辨疑论序》⑤《与李才卿等论
梁宽甫病症书》⑥等。

① （元）吴澄：《吴文正集》卷三十《赠建昌医学吴学录序》，文渊阁四库全书。
② （元）吴澄：《吴文正集》卷二十六《赠医家吴教授序》，文渊阁四库全书。
③ （元）吴澄：《吴文正集》附录《年谱》，文渊阁四库全书。
④ 杜石然等：《中国科学技术史稿》（下），科学出版社，1982年，第54页。
⑤ （元）许衡：《鲁斋遗书》卷八《吴氏伤寒辨疑论序》，文渊阁四库全书。
⑥ （元）许衡：《鲁斋遗书》卷八《与李才卿等论梁宽甫病症书》，文渊阁四库全书。

四、明清儒家对科技的贡献

明代王阳明心学一派较少讨论天地自然，但据《明史·罗洪先传》记载，王阳明的后学罗洪先"甘淡泊，炼寒暑，跃马挽强，考图观史，自天文、地志、礼乐、典章、河渠、边塞、战阵攻守，下逮阴阳、算数，靡不精究"，并且还编撰了《广舆图》。该图被认为是"我国历史上第一部综合性地图集，在我国地图学发展史上起着承前启后的作用，在国内外都有很大影响"。[①]

与王阳明同时代的王廷相提出："天地之道，虽悠远高深，学者不可不求其实矣。"[②]明确主张研究天地自然，要求把握"物理"。王廷相还在所作《策问》中说：

> 诸士积学待叩久矣，试以物理疑而未释者议之，可乎？天之运，何以机之？地之浮，何以载之？月之光，何以盈缺？山之石，何以欹侧？经星在天，何以不移？海纳百川，何以不溢？吹律何以回暖？悬炭何以测候？夫遂何以得火？方诸何以得水？龟何以知来？猩何以知往？蜥蜴何以为雹？虹霓何以饮涧？何鼠化为鴽，而鴽复为鼠？何蜣螂化蝉，而蝉不复为蜣螂？何木焚之而不灰？何草无风而自摇？何金之有辟寒？何水之有温泉？何蜉蝣朝生而暮死？何休留夜明而昼昏？蠲忿忘忧，其感应也何故？引针拾芥，其情性也何居？是皆耳目所及，非骋思于六合之外者，不可习矣而不察也。[③]

显然，王廷相主张研究各种自然现象。而且，他本人也广泛深入地研究科学。在天文学上，他进行过大量的天文观测，主张浑盖合一论，并且将浑天说与盖天说的优点加以综合，以解释各种天文现象；他还专门研究了古代天文

---

① 杜石然：《中国古代科学家传记》（下），科学出版社，1993年，第802页。
② （明）王廷相：《王氏家藏集》卷三十《策问》（十九），《王廷相集》（二），中华书局，1989年，第548页。
③ （明）王廷相：《王氏家藏集》卷三十《策问》（五），《王廷相集》（二），中华书局，1989年，第539页。

学上的"岁差"概念的发展，撰《岁差考》。在地学与生物学上，他根据亲身的观察，细心分析，对许多自然现象进行了解释，并对以往一些不正确的观点提出了批评；他还撰《夏小正集解》，根据亲身的观察，对《夏小正》中有关天象、物候等的知识予以新的阐释。[①]

明清之际的儒家学者顾炎武、黄宗羲、方以智、王夫之等，都十分重视科技。顾炎武撰《日知录》，"凡经义史学、官方吏治、财赋典礼、舆地艺文之属，一一疏通其源流，考证其谬误"，[②] 其中也包括科技知识。该书卷三十有《天文》《日食》《月食》《岁星》《五星聚》《百刻》《雨水》等涉及天文学；卷三十一对一些地区的地理概貌进行了叙述，对以往地理著作中的一些内容作了辨正。他还有《北岳辨》《五台山记》等地理学论文，并且编撰了《肇域志》和《天下郡国利病书》，对各地的沿革、山川、地理形势、水利、物产等作了记述，涉及许多地理学知识，其中《天下郡国利病书》被李约瑟称为优秀的地理著作。[③]

黄宗羲撰《明夷待访录》，其中认为学校除了要有"五经"师，"兵法、历算、医、射各有师"。[④] 他还撰写了不少科学著作，据清代全祖望所撰《梨洲先生神道碑文》记载，黄宗羲撰著的天文学、数学类著作有：《授时历故》《大统历推法》《授时历法假如》《西历假如》《回历假如》《气运算法》《勾股图说》《开方命算》《测圆要义》等。他还有地学类著作《今水经》《四明山志》《台宕纪游》《匡庐游录》等，以及其他科学著作。

方以智极力主张学习西方科技，认为应当像孔子问学于东夷的郯子[⑤]那样去接受西方的科技。他说："泰西质测颇精，通几未举，在神明之取郯子耳。"[⑥] 他还认为，学问有"质测""宰理""通几"之分，[⑦] 所谓"质测"就是要研究"物理"。他说："物有其故，实考究之，大而元会，小而草木蠢蠕，

① 高令印、乐爱国：《王廷相评传》，南京大学出版社，1998年，第228～261页。
② （清）潘耒：《日知录序》，顾炎武：《日知录》，文渊阁四库全书。
③ （英）李约瑟：《中国科学技术史》第五卷《地学》，科学出版社，1976年，第238页。
④ （清）黄宗羲：《明夷待访录》，中华书局，1985年，第8页。
⑤ 据《春秋左氏传》记：鲁昭公十七年秋，有东夷人郯子来朝，"仲尼闻之，见于郯子而学之。既而告人曰：'吾闻之，天子失官，官学在四夷，犹信。'"
⑥ （明）方以智：《通雅》卷首二《读书类略》，文渊阁四库全书。
⑦ （明）方以智：《通雅》卷首三《文章薪火》，文渊阁四库全书。

类其性情，征其好恶，推其常变，是曰'质测'。"①可见，方以智的"质测之学"就是指自然科学。此外，他还著有《物理小识》《通雅》等科学著作。

王夫之推崇方以智的质测之学，指出："密翁（方以智）与其公子为质测之学，诚学思兼致之实功。盖格物者，即物以穷理，惟质测为得之。"②而且他所撰《思问录外篇》和《张子正蒙注》的《太和》《参两》等篇包含了丰富的科学方面的论述，涉及天文学、地学以及医学等方面的内容。在《思问录外篇》，王夫之反对盖天说，赞同浑天说，同时，具体分析了日月五星的旋转方向和运行速度，就月食、月中之影、岁差等天文现象以及历法的有关问题，提出了自己的观点，而且还对西方天文学的一些观点作出了分析。

除此之外，明清之际的儒家学者中还有陆世仪主张"天文、地理、河渠、兵法之类，皆切于用世，不可不讲"；③张履祥撰《补农书》，总结了南方水稻种植和蚕桑以及其他农作物栽培等方面的经验。

清代的李光地、戴震、焦循、阮元等都是重视科技的儒家学者。李光地对天文历法作了深入的研究，主编《御定星历考原》《御定月令辑要》，还撰写了科学论文《记太初历》《记四分历》《记浑仪》《记星书》《算法》《历法》《西历》等。如前所述，李光地还明确反对把西方人的科技视作"奇技淫巧"，主张学习西方科技。

戴震"凡天文、历算、推步之法，测望之方，宫室衣服之制，鸟兽、虫鱼、草木之名状，音和、声限古今之殊，山川、疆域、州镇、郡县相沿改革之由，少广旁要之率，钟实、管律之术，靡不悉心讨索"，④并且撰写了大量的科技著作，其中有天文历法类著作：《原象》《续天文略》《迎日推策记》《九道八行说》《周礼太史正岁年解》《周髀北极璿玑四游解》《记夏小正星象》《历问》《古历考》等；数学类著作：《勾股割圜记》《策算》等；地学类著作：《水地记》《直隶河渠书》《汾州府志》等；技术类著作：《嬴旋车记》《自转车记》《释车》《考工记图》等。

---

① （明）方以智：《物理小识·自序》，文渊阁四库全书。
② （明）王夫之：《搔首问》，《船山全书》（十二），岳麓书社，1992年，第637页。
③ （明）陆世仪：《陆桴亭思辨录辑要》卷一，商务印书馆，1936年，第13页。
④ （清）洪榜：《戴先生行状》，《戴震文集》附录，中华书局，1980年，第253页。

焦循是清朝中期与汪莱、李锐齐名的重要数学家。[1] 他的数学著作有：《加减乘除释》《天元一释》《释弧》《释轮》《释椭》《开方通释》等；还有《禹贡郑注释》《毛诗地理释》《毛诗鸟兽草木虫鱼释》《李翁医记》等科学类著作。

乾嘉学派集大成者阮元编写了《畴人传》，收入自黄帝至清代中期的200多位天文学家和数学家，另附30多位西方天文学家和数学家。而且，他还明确提出科学"乃儒流实事求是之学"，[2] 强调儒家应当研究科学。

需要指出的是，清乾隆时期编纂的《四库全书》不仅收录了中国古代的各种科技著作，而且还收录了一些西方科学著作。重要的是，那些撰写《四库全书总目提要》的儒家学者大都给予西方科学著作以较高的评价。比如，《泰西水法》"提要"说："西洋之学，以测量步算为第一，而奇器次之。奇器之中，水法尤切于民用。"《简平仪说》"提要"指出："……弧三角以量代算之法，实本于此。今复推于测量，法简而用捷，亦可云数学之利器矣。"《圜容较义》"提要"说："其书虽明圜容之义，而各面各体比例之义胥于是见，且次第相生，于《周髀》圆出于方，方出于矩之义，亦多足发明焉。"《几何原本》"提要"说："此为欧罗巴算学专书，前作后述，不绝于世，至欧几里得而为是书。盖亦集诸家之成，故自始至终，毫无疵类。"《奇器图说》"提要"指出："其制器之巧，实为甲于古今。寸有所长，自宜节取。且书中所载，皆裨益民生之具，其法至便，而其用至溥，录而存之，固未尝不可备一家之学也。"

---

① 钱宝琮：《中国数学史》，科学出版社，1964年，第286~288页。
② （清）阮元：《畴人传·序》，商务印书馆，1935年，第2页。

第四章

儒学对中国古代科技
的影响

中国古代科技产生、发展于以儒学为主干的中国传统文化中，科学家及其科学研究与儒学有着非常密切的联系。他们大都熟读儒家经典，甚至研究过儒学。因此，他们的科学研究动机受到儒家理念的影响，科学研究过程受到儒家经学的影响，甚至他们的科学思想也受到儒家自然观的影响。

一、科学家与儒学

在中国古代社会，没有专门从事科学研究的职业科学家，科学技术事业大都是官办的，从事科技研究的大多数是官吏科学家。对此，有学者认为，在中国科技史上，"知名的科学家与技术发明家中，大多数是官吏或曾经做过官的，而且有不少是位置甚高的大官。这一现象是举世无二的，唯中国所独有"。[①] 如果以杜石然主编的《中国古代科学家传记》[②]所选入的236位中国古代科学家为研究对象，那么可以发现，官吏科学家占了相当大的比重。比如：东汉时期在造纸术的发明上起重要作用的宦官蔡伦；魏晋时期任太医令的医学家王叔和；三国时期在魏朝任给事中的发明家马钧；唐代曾任太子詹事之职的天文学家边冈；北宋时期官至吏部尚书的曾公亮编纂《武经总要》；北宋时期官至端明殿学士的蔡襄主持建造泉州洛阳桥；北宋时期官至右仆射兼中书侍郎的苏颂主持制造水运仪象台，并撰《新仪象法要》《本草图经》；北宋任将作监的李诫编纂《营造法式》；南宋时期一直担任刑狱官的宋慈撰法医学著作《洗冤集录》；明成祖朱棣的弟弟朱橚编纂《救荒本草》；明代曾任福建盐运

[①] 金秋鹏：《中国科学技术史·人物卷》"前言"，科学出版社，1998年，第5页。
[②] 杜石然的《中国古代科学家传记》是由中国科学院自然科学史研究所及中医研究院医史文献研究所的科技史专家共同撰写的，"各篇传记的作者都是相应领域的专家，对于立传人素有深入研究，写成的传记内容充实，材料可靠，论述客观，并能反映最新的研究成果，因而具有较高的学术水平"（杜石然：《中国古代科学家传记》"前言"，科学出版社，1992年）。该书收入传记249篇，共250位科学家，其中有长期在中国工作的外国人（主要是传教士）14位。

司同知的屠本畯撰《闽中海错疏》；清朝任钦天监监正的数学家明安图；清朝曾任礼部尚书并撰有《植物名实图考》的吴其濬，等等。在中国古代，尤其是在汉代儒学成为官方意识形态之后，儒家经典是那些官吏，包括官吏科学家，所必须熟读的，儒家学说思想是他们所必须遵循的。因此，仅凭古代科学家的这一职业特点就可以看出，科学家与儒学具有密切的联系。

在以儒学为主干的中国传统文化背景下，绝大多数科学家与儒家学者一样，都自小熟读儒家经典。他们后来无论是做官，还是成为学者，或是平民，早期对儒家经典的学习，对于他们的价值观以及知识结构的形成必定会产生重要的影响，这事实上也为他们后来从事科学研究奠定了基础。历史上，有不少科学家正是凭借着早年熟读儒家经典所积累的知识而有所作为的。明代的科学家李时珍，为入仕途曾熟读儒家经典，但多次参加科举考试而未中，转而专攻医药学，后来凭借着从儒家经典中所获得的价值理念、科学知识以及研究方法，撰写了《本草纲目》，成为著名的医药学家。

在日常生活和社会交往中，科学家大都免不了与儒家学者交往。从家庭成员到学业导师，以至朋友同事，总会有儒家学者，或者有儒学背景的文人学士，这种交往对于科学家的人格和思想具有重要的影响。宋朝法医学家宋慈，先是师从朱熹弟子吴稚，经常向朱熹弟子杨方、黄干、李方子、蔡渊、蔡沈等学习。入太学时，他的文章得到理学家真德秀的赏识，并拜师受学，深受理学的熏陶。清代科学家梅文鼎，他的父亲就是饱读儒家经典的书生，后来，他又与经学家朱彝尊、阎若璩、万斯同等有过密切的交往。清代的数学家李锐，曾师从于经学家钱大昕，在数学研究上与经学家焦循多有交往。正因为如此，古代科学家的思想形成或多或少地与所交往过的儒家学者有着密切的联系。

古代科学家的科学研究，除了独立的研究之外，有不少是合作研究，尤其是官吏科学家所主持的编制历法和天文学研究。东汉天文学家李梵等人修订东汉四分历，其中有经学家贾逵参与；东汉天文学家刘洪曾与经学家蔡邕一起补续《律历志》；元朝时期的天文学家郭守敬编制《授时历》，是在理学家许衡主持之下。在这种科学家与儒家学者的合作研究中，科学家及其科学研究不可能不受到儒家思想的影响。

所以，中国古代科学家在成长的过程中，在日常生活和社会交往中，以及在科学研究中，大都处于儒家文化的氛围之中。儒学思想实际上成为他们心灵、思想、学识、情感的不可分割的重要组成部分，从而培养了他们的人格素质，影响着他们的日常生活，乃至科学研究。

正因为如此，在中国科技史上，有不少在科学上有所贡献而被称为科学家的学者，在儒学上同样具有一定地位。他们或本身就是著名的儒家学者，或撰有儒学研究著作，或运用儒学思想和知识于科技研究。比如：

汉代，班固因撰写《汉书·地理志》而被称为历史地理学家；《汉书·地理志》中辑录了《尚书·禹贡》的全文和《周礼·夏官司马·职方》的内容，其主体部分以儒家经典《诗》《书》以及《禹贡》《周礼》《春秋》中的地理知识为基础。天文学家张衡"通《五经》，贯六艺"，据《后汉书·张衡传》记载，他曾著《周官训诂》，还曾"欲继孔子《易》说《彖》《象》残缺者，竟不能就"，而被认为"不能有异于诸儒也"。崔寔撰农学著作《四民月令》而被列为科学家，他的《四民月令》袭取了《礼记·月令》的结构，同时，如前所述，他又是著名经学家，曾"与诸儒博士共杂定五经"。天文学家刘洪创《乾象历》，而其理论依据则来自《周易》。《晋书·律历中》称刘洪《乾象历》"依《易》立数，遁行相号，潜处相求"。

魏晋南北朝时期，裴秀因其作《禹贡地域图》18篇以及在该图序中提出"制图六体"而被列为地图学家，该图实际上是对《尚书·禹贡》的注释。著《毛诗草木鸟兽虫鱼疏》的博物学家陆玑，也是治《毛诗》的经学家。郭璞因注儒家经典《尔雅》涉及动植物学知识而被列为博物学家。天文学家虞喜博学好古，据《晋书·虞喜传》记载，他"专心经传，兼览谶纬，乃著《安天论》以难浑、盖，又释《毛诗略》，注《孝经》，为《志林》30篇。凡所注述数十万言，行于世"。道教医学家葛洪撰《肘后备急方》和《玉函方》。同时，他曾饱读儒家经典，立志为"纯儒"。据《晋书·葛洪传》记载，葛洪早年"以儒学知名"，后来他还撰有阐发儒家思想的《抱朴子外篇》。天文学家何承天"幼渐训义，儒史百家，莫不该览"。据《宋书·何承天传》记载，他曾将《礼论》八百卷"删减合并，以类相从"而为三百卷，并有《前传》《杂语》《纂文论》等传于世。数学家、天文学家祖冲之对儒学多有研究。据《南史·祖冲之传》记载，他"著《易》《老》《庄》义，释《论语》《孝经》，注《九章》，造《缀术》数十篇"。道教医学家陶弘景自幼熟读儒家经典，"九岁、十岁读《礼记》《尚书》《周易》《春秋》杂书等，颇以属文为意"，而且还研究儒家经典，"善稽古，训诂七经，大义备解"，并著有《孝经论语集注》《三礼序》《注尚书毛诗序》等。①

隋唐时期，天文学家刘焯亦是经学家，如前所述，他曾"著《稽极》十卷，《历书》十卷，《五经述义》，并行于世"。天文学家僧一行以儒家经典《周易》的"大衍之数"编制《大衍历》。农学家韩鄂撰《四时纂要》，完全以《礼记·月令》的叙述方式，分四季十二月列举农家所应当做的农事及其他事项。撰《耒耜经》的农学家陆龟蒙，也是一位对儒学颇有研究的儒者。据《新唐书·隐逸列传》记载，他"通六经大义，尤明《春秋》"。

在宋代，著名科学家沈括撰写过不少儒学著作。据《宋史·艺文志》记载，沈括的著作中有"经类"：《易解》二卷、《丧服后传》《乐论》一卷、《乐器图》一卷、《三乐谱》一卷、《乐律》一卷、《春秋机括》一卷、《左氏记传》五十卷；"子类"：《孟子解》。宋代道士、农学家陈旉"于六经诸子百家之书、释老氏黄帝神农氏之学，贯穿出入，往往成诵，如见其人，如指诸掌。下至术数小道，亦精其能，其尤精者，《易》也"。②郑樵撰《通志》，其中的《昆虫草木略》被认为是"一部内容丰富，集中反映动植物本身特性的专著"，③因而被列为科学家。同时，他撰经学著作《书考》《书辨讹》《诗传》《诗辨妄》《辨诗序妄》《原切广论》《春秋传》《春秋考》等，并被《宋史》列入"儒林"。黄裳以绘制天文图，即现存苏州石刻天文图的原样，以及地理图而被列为科学家。据《宋史·黄裳传》记载，他长期在王府讲授儒家经典《春秋左传》，曾"作八图以献：曰太极，曰三才本性，曰皇帝王伯学术，曰九流学术，曰天文，曰地理，曰帝王绍运，以百官终焉，各述大旨陈之"。他的天文图和地理图实际上是为讲授儒家经典而制作的教具。而且，他"耻一书不读，一物不知"，"有《王府春秋讲义》及《兼山集》，论天人之理，性命之源，皆足以发明伊洛之旨"，曾与张栻门人陈平甫一起讲学。金元之际数学家李冶所撰笔记类著作《敬斋古今黈》，按经、史、子、集编目，其中的"经"类，是李冶研读《周易》《尚书》《诗经》《春秋》《礼

① （宋）张君房：《云笈七签》卷一百七《华阳隐居先生本起录》，《道藏》第22册，文物出版社等，1988年，第731～733页。
② （宋）陈旉：《农书》"洪兴祖后序"，文渊阁四库全书。
③ 杜石然：《中国古代科学家传记》（上），科学出版社，1992年，第574页。

记》等儒家经典以及各家传注的札记。

明清时期，编撰《广舆图》的地理学家罗洪先是王阳明的后学。科学家宋应星撰综合性的科技著作《天工开物》，同时又撰《谈天》《论气》，讨论宋明理学家所关注的气的概念。王锡阐是明清之际的天文学家，同时，他"治《诗》《易》《春秋》，明律历象数"，[①]与诸多儒家学者有过交往，晚年又与吕留良、张履祥一起讲濂洛之学。[②]方以智、张履祥、朱彝尊、戴震、阮元等既是撰有科学著作的科学家，又是著名的儒家。清代的数学家汪莱撰有《十三经注疏正误》《说文声类》等经学著作。数学家李锐曾协助阮元校勘《周易》《穀梁》和《孟子》，并撰有《周易虞氏略例》等等。

从《中国古代科学家传记》中可以看出，在所选的236位中国古代科学家中，属于在儒学史上具有重要地位的儒家或经学家有：汉代的崔寔，隋朝的刘焯，明代的罗洪先，清代的方以智、张履祥、朱彝尊、戴震、阮元等；虽不属于重要儒家或经学家，但根据史料记载撰著过儒学著作的有：汉代的张衡，魏晋南北朝的陆玑、郭璞、虞喜、何承天、祖冲之、陶弘景，宋代的沈括、郑樵、黄裳，元代的李冶，明清时期的宋应星、王锡阐、汪莱、李锐等。此外，还有大量明显受儒学影响、具有儒家理念或运用儒家经典中的知识进行科学研究的科学家。

正如在中国儒学史上，有大量对科技感兴趣并且重视科技或对科技有所研究的儒家学者，在中国科技史上，也有大量对儒学感兴趣并且运用儒学于科学研究或撰著过儒学著作、或在儒学史上具有重要地位的科学家。他们在进行科技研究时，不可避免地会受到儒学的影响。

二、科研动机与儒家理念

儒学对于古代科学家从事科技研究的影响，首先表现为儒家的价值理念对于科研动机的影响。正是由于受到儒学的民本思想、仁爱思想和博学求道理念的影响，古代科学家从事科技研究的动机大致有三：其一，出于国计民生的

① （明）王锡阐：《天同一生传》，《松陵文录》卷十七，清同治十三年（1874年）。
② （清）潘耒：《遂初堂文集》卷六《晓庵遗书序》，续修四库全书。

需要；其二，出于"仁""孝"之德；其三，出于求道求理的目的。

古代科学家从事科技研究的动机首先出于国计民生的需要。北魏农学家贾思勰在其所著《齐民要术》中对此有很好的论述。该书的"序"在阐述作者研究农学的目的时说："盖神农为耒耜，以利天下。尧命四子，敬授民时。舜命后稷：'食为政首。'禹制土地，万国作乂。殷周之盛，《诗》《书》所述，要在安民，富而教之。"这段论述源自《汉书·食货志》，其中吸收了《周易》《尚书》《诗经》等儒家经典中的民本思想；尤其是"《诗》《书》所述，要在安民，富而教之"一句，实际上是把儒学与农学紧密地结合在一起。贾思勰还举了许多例子："耿寿昌之常平仓，桑弘羊之均输法，益国利民，不朽之术也"；"任延、王景，乃令铸作田器，教之垦辟，岁岁开广，百姓充给"；"皇甫隆乃教作耧、犁，所省庸力过半，得谷加五"；"《书》曰：'稼穑之艰难。'《孝经》曰：'用天之道，因地之利，谨身节用，以养父母。'《论语》曰：'百姓不足，君孰与足。'"这些论述无非是要说明撰著《齐民要术》的目的在于"益国利民"，为的是国计民生。宋代农学家陈旉所撰《农书》被认为是"我国现存最早总结江南地区水稻栽培技术的一部农书"，"可以和《氾胜之书》《齐民要术》《王祯农书》《农政全书》等并列为我国第一流古农书之一"。[①] 陈旉在《农书》"自序"中认为，"生民之本，衣食为先，而王化之源，饱暖为务"，并且指出："务农桑，足衣食，此礼义之所以起，孝弟之所以生，教化之所以成，人情之所以固也。"他虽自称"西山隐居全真子"，但其撰《农书》的动机则在于"少裨吾圣君贤相财成之道，辅相之宜，以左右斯民"，以"实有补于来世"。[②] 元代农学家王祯在所撰《农书》的"自序"中说："农，天下之大本也。一夫不耕，或授之饥；一女不织，或授之寒。古先圣哲，敬民事也，首重农，其教民耕织、种植、畜养，至纤至悉。"同一时期的农学家鲁明善在所撰《农桑衣食撮要》的"序"中也指出："农桑，衣食之本；务农桑，则衣食足；衣食足，则民可教以礼义；民可教以礼义，则家国天下可久安长治矣。"可见，他们撰著农书的目的都在于国计民生。

---

① 杜石然：《中国古代科学家传记》（上），科学出版社，1992年，第548、550页。
② （宋）陈旉：《农书》"自序"，文渊阁四库全书。

　　中国古代科技之所以在天文历法、数学、医学和农学方面较为发达，应是由于当时这些学科与国计民生的关系较为密切。天文历法讲"敬授民时"；数学以解决实际问题为基本框架；医学讲治病救人；农学讲"益国利民"。这些都与国计民生息息相关。

　　古代科学家从事科技研究的另一个重要动机是出于"仁""孝"之德。东汉时期的医学家张仲景研究医学，旨在"上以疗君亲之疾，下以救贫贱之厄，中以保身长全，以养其生"，在于"爱人知物""爱躬知己"。[1]这实际上包含着儒家"仁者爱人"的思想，而张仲景从事医学研究的动机也正在于此。魏晋时期的医学家皇甫谧在所著《针灸甲乙经》的"序"中说："若不精通于医道，虽有忠孝之心、仁慈之性，君父危困，赤子涂地，无以济之，此固圣贤所以精思极论尽其理也。"可见，他研究医学的动机在于落实"忠孝之心、仁慈之性"。显然，这是把儒家的忠孝思想与医学的研究统一起来，把精通于医道看作是落实儒家忠孝之心的必要环节。唐朝的医学家孙思邈也在所著《备急千金要方》的"本序"中指出："君亲有疾不能疗之者，非忠孝也。"这里明确包含了儒家的忠孝仁爱的思想。宋代医药学家唐慎微撰《经史证类备急本草》，后修订为《政和新修经史证类备用本草》，其中有曹孝忠的"序"云："成周六典，列医师于天官，聚毒药以共医事，盖虽治道绪余，仁民爱物之意寓焉，圣人有不能后也。"[2]认为包括唐慎微《经史证类备急本草》在内的"医事"是出于儒家的"仁民爱物之意"。金代医学家张从正更是明确地把自己的医学著作定名为《儒门事亲》，"以为惟儒者能明其理，而事亲者当知医也"，[3]表明他研究医学的动机在于"事亲"。

　　事实上，科技研究的动机出于国计民生的需要与出于"仁""孝"之德，这二者是一致的。关注国计民生是"仁""孝"之德的进一步推广；那些出于国计民生的需要而进行的科技研究同样也是出于"仁""孝"之德。王祯撰著《农书》的目的不只在于国计民生，他还提出"孝弟力田"，指出："孝

---

① 转引自（唐）孙思邈：《备急千金要方·序》，人民卫生出版社，1956年，第6页。
② （宋）曹孝忠：《政和新修经史证类备用本草序》，（宋）唐慎微：《重修政和经史证类本草》，四部丛刊初编。
③ （清）永瑢、纪昀等：《四库全书总目》卷一百四《子部·医家类二·儒门事亲》，文渊阁四库全书。

弟为立身之本，力田为养身之本，二者可以相资而不可以相离也。""夫孝弟者，本性之所固有，力田者，本业之所当为，民失其业，且失其性者，岂其本然哉？"①这里把"孝弟"与"力田"联系起来，亦表明王祯撰著《农书》的动机除了在于国计民生，还在于落实儒家的"孝弟"。

　　古代科学家从事科技研究还有一个重要动机，这就是出于求道求理的目的。古代数学家大都把自己的数学研究与求道求理联系在一起。《九章算术》由与实际生活密切相关的应用题及其解法所构成。然而，刘徽在《九章算术注·序》中说："昔在包牺氏始画八卦，以通神明之德，以类万物之情，作九九之数，以合六爻之变。暨于黄帝，神而化之，引而伸之，于是建历纪、协律吕，用稽道原，然后两仪四象精微之气可得而效焉。"认为数学可以"通神明之德""类万物之情"。《孙子算经·序》则认为，数学可以"观天道精微之兆基，察地理纵横之长短""穷道德之理，究性命之情"。唐代王孝通在《缉古算经》中也说："臣闻九畴载叙，纪法著于彝伦；六艺成功，数术参于造化。夫为君上者司牧黔首，有神道而设教，采能事而经纶，尽性穷源莫重于算。"认为他从事数学研究是为了"尽性穷源"。

　　北宋天文学家周琮对以往各种历法做出了评价，据《宋史·律历志八》记载，他还指出："若较古而得数多，又近于今，兼立法、立数，得其理而通于本者为最也。"所谓"得其理"，就是要把握历理，在周琮看来，最好的历法应当讲明历理。宋代农学家陈旉在《农书》中大讲"理"，其中《天时之宜篇》认为，万物变化遵循"造化发生之理"，"天地之间，物物皆顺其理也"，并且还说："顺天地时利之宜，识阴阳消长之理，则百谷之成，斯可必矣。"《粪田之宜篇》认为，"相视其土之性类，以所宜粪而粪之，斯得其理"。《善其根苗篇》则说："欲根苗壮好，在夫种之以时，择地得宜，用粪得理。"《薅耘之宜篇》还说："除草之法，亦自有理。"②宋代医学家寇宗奭在所著《本草衍义》的"总序"中，称自己"考诸家之说，参之实事，有未尽厥理者，衍之以臻其理"，并且还认为，药物"其物至微，其用至广，盖亦有理。若不推究厥理，治病徒费其功，终亦不能活人"。③陈旉强调"识阴阳

① （明）王祯：《农书》，王毓瑚校：《王祯农书》，农业出版社，1981年，第17、19页。
② （宋）陈旉：《农书》卷上，文渊阁四库全书。
③ （宋）寇宗奭：《重修政和经史证类本草·新添本草衍义序》，四部丛刊初编。

消长之理"，寇宗奭要求"推究厥理"，体现了他们从事科学研究的求道求理的动机。

宋代科学家沈括非常重视探求自然之理。他说："大凡物有定形，形有真数……非深知造算之理者，不能与其微也。"[①]在解释黄河中下游陕县以西黄土高原成因时，他说："今关、陕以西，水行地中，不减百余尺，其泥岁东流，皆为大陆之土，此理必然。"[②]论及"五石散"，沈括说："'五石散'杂以众药，用石殊少，势不能蒸，须藉外物激之令发耳。如火少，必因风气所鼓而后发；火盛，则鼓之反为害，此自然之理也。"[③]所以，他要"原其理"。他在考察了雁荡山奇特地貌后说："予观雁荡诸峰，皆峭拔险怪，上耸千尺，穹崖巨谷，不类他山，皆包在诸谷中。自岭外望之，都无所见；至谷中，则森然干霄。原其理，当是为谷中大水冲激，沙土尽去，唯巨石岿然挺立耳。"[④]他在解释透光镜正面面向太阳时镜背面的文字可以反射到墙壁上这一现象时说："人有原其理，以谓铸时薄处先冷，唯背文上差厚，后冷而铜缩多，文虽在背，而鉴面隐然有迹，所以于光中现。予观之，理诚如是。"[⑤]

从根本上说，古代科学家从事科技研究的以上三种动机都是围绕着儒学的价值理念而展开的。出于国计民生的需要，就是为了落实儒学的民本思想；出于"仁""孝"之德，就是实践儒学的仁爱思想；出于求道求理的目的，就是要探索儒家的自然之道、自然之理。因此，古代许多科学家从事科技研究的动机最终都是源自儒家的价值理念。

---

① （宋）沈括：《梦溪笔谈》卷七《象数一》，胡道静：《梦溪笔谈校正》，上海古籍出版社，1987年，第304～305页。
② （宋）沈括：《梦溪笔谈》卷二十四《杂志一》，胡道静：《梦溪笔谈校正》，上海古籍出版社，1987年，第756页。
③ （宋）沈括：《梦溪笔谈》卷十八《技艺》，胡道静：《梦溪笔谈校正》，上海古籍出版社，1987年，第614页。
④ （宋）沈括：《梦溪笔谈》卷二十四《杂志一》，胡道静：《梦溪笔谈校正》，上海古籍出版社，1987年，第762页。
⑤ （宋）沈括：《梦溪笔谈》卷十九《器用》，胡道静：《梦溪笔谈校正》，上海古籍出版社，1987年，第635页。

三、科技研究与儒家经学

在中国古代，儒学对于科技的影响，不仅表现为儒家理念对于科研动机的影响，还表现为儒家经学对于科技研究过程的影响。这种影响主要有两个方面：

（一）儒家经典是古代科学家的重要知识来源

科技研究需要有相当的知识基础和专业基础。在古代，由于科学还没有从一般的知识体系中分化出来，所以科学知识与一般的文化知识是一体的。在以儒学为主干的中国传统文化中，大多数科学家的基础知识甚至某些专业基础知识最初主要都是从儒家经典中获得的。如前所述，儒家经典中包含了丰富的科技知识，具备了古代科学家从事科技研究所需要的多方面的基础知识以及专业基础知识。因此，儒家经典中的科技知识实际上成为许多科学家的知识背景，成为他们的知识结构中非常重要的组成部分。正是在从儒家经典中获得的科学知识的基础上，古代许多科学家经过自己的进一步研究，在科学上做出了贡献。从一些科学家的科技研究过程以及他们所撰写的科学著作中可以发现，他们的科技研究与儒家经典中的科技知识密切相关，在一定程度上是对儒家经典中某方面知识的发挥和提高。

古代天文学家必定要以《尚书·尧典》为依据，同时结合《礼记·月令》《诗经》《春秋》"经传"等儒家经典中有关天象的记录和天文知识进行研究。同时，古代天文学家在编制历法时还经常要运用《周易》中的易数概念，并采纳汉代易学家孟喜提出的"卦气说"，将《周易》的六十四卦与二十四节气、七十二物候相配合。由于古代的天文历法研究，需要掌握以往天象记录，因而需要涉及大量的儒家经典。所以，在中国历史上，大多数天文历法家都是饱读儒家经典的儒者。从汉唐时期的张衡、虞喜、何承天、祖冲之、刘焯，到宋元时期的苏颂、沈括、黄裳、郭守敬，这些著名的天文历法家都曾经读过大量的儒家经典，他们所撰著的天文历法著作都包含了大量来自儒家经典的天文学知识。

古代数学家必定要讲《周易》。刘徽把数学与伏羲画八卦联系起来，把数学的起源归于《周易》。《数术记遗》中的"记数法"所列举的14种记法："其一积算，其一太乙，其一两仪，其一三才，其一五行，其一八卦，其一九宫，其一运算，其一了算，其一成数，其一把头，其一龟算，其一珠算，其一计数"，其中有不少是采用了《周易》中的一些重要概念。秦九韶在《数书九章·序》中说："周教六艺，数实成之。学士大夫，所从来尚矣……爰自河图、洛书闿发秘奥，八卦、九畴错综精微，极而至于大衍、皇极之用，而人事之变无不该，鬼神之情莫能隐矣。"①认为数学的起源可以追溯到"河图洛书""八卦九畴"，仍然把数学的起源归于《周易》。而且，他还对《周易》揲蓍之法中的数学问题进行研究，从而引申出一次同余组的解法，即"大衍求一术"。数学家杨辉对"洛书"的三阶纵横图进行研究，直至对十阶纵横图的研究。朱世杰的《四元玉鉴》则根据《周易》的"易有太极，是生两仪，两仪生四象，四象生八卦"引申出"一气混元""两仪化元""三才运元""四象会元"的概念。②除了《周易》，一些数学家还精通其他儒家经典。在中国数学史上，作为"算经十书"之一的《五经算术》，"举《尚书》《孝经》《诗》《易》《论语》《三礼》《春秋》之待算乃明者列之"，③并加以推算。

古代医学家必定要懂《周易》，即所谓医《易》同源、医《易》相通。金元之际医学家刘完素指出："《易》教体乎五行八卦，儒教存乎三纲五常，医教要乎五运六气，其门三，其道一，故相须以用而无相失，盖本教一而已矣。"④同时期的医学家李杲也说："《易》曰：'两仪生四象。'乃天地气交，八卦是也。在人则清浊之气皆从脾胃出，荣气荣养周身，乃水谷之气味化之也。"⑤明代医学家张介宾更加明确地讲"医易"之学，指出："《易》者，易也，具阴阳动静之妙；医者，意也，合阴阳消长之机。虽阴阳已备于

---

① （宋）秦九韶：《数书九章·序》（《数书九章》，又称《数学九章》），文渊阁四库全书。
② （元）朱世杰：《四元玉鉴·卷首》，《中国科学技术典籍通汇·数学卷（一）》，河南教育出版社，1993年，第1208页。
③ （清）永瑢、纪昀等：《四库全书总目》卷一百七《子部·天文算法类·五经算术》，文渊阁四库全书。
④ （金）刘完素：《素问玄机原病式·序》，人民卫生出版社，1983年，第8页。
⑤ （元）李杲：《脾胃论》卷下《阴阳升降论》，中华书局，1985年，第53页。

《内经》，而变化莫大乎《周易》。故曰天人一理者，一此阴阳也；医《易》同原者，同此变化也。岂非医《易》相通、理无二致，可以医而不知《易》乎？"①因此，古代医学家有不少实际上就是易学家。

在农学方面，以《礼记·月令》为基本框架的月令式农书是古代重要的农书类型，先是有东汉的崔寔撰《四民月令》，又有唐朝韩鄂撰《四时纂要》，后来还有元朝的鲁明善撰《农桑衣食撮要》，等等。而且，古代农书的编撰需要建立在博览群书的基础之上，必须从古代典籍中收集大量的农学知识，而儒家经典中所包含的农学方面的内容往往成为最为重要的资料。因此，古代农书大都包含了大量从《诗经》《尚书》《周礼》《礼记·月令》《尔雅》等儒家经典中引述而来的农学知识。

当然，作为科学家，他们不只是从儒家经典中获得科技知识，而且还需要从前人其他科技著作中获取知识。更重要的是他们必须依据自己的经验，并通过科技研究获得新的科技知识。但无论如何，在他们的知识结构中，从儒家经典中获得的知识是他们进行科技研究时最基础的同时也是最为重要的知识。

（二）经学研究方法是古代科学家主要的科技研究方法

在以儒学为主干的中国传统文化背景下，科学家在研究科学时，不仅研究动机与儒学有关，不仅所运用的知识中包含着从儒家经典中获得的科技知识，而且在研究方法上也与儒学的经学研究方法相一致。

经学研究往往以研读儒家经典为起点，并且博览群书，这就是"博学于文"；在此基础上，运用亲身的经验知识以及其他可靠知识进行辨证，予以确定，这就是《汉书·河间献王传》所谓"修学好古，实事求是"。与经学研究的程序相类似，中国古代科学家的科技研究也往往以读书为起点，要求广泛收集和研读前人的著作，其中必然包括儒家经典，然后，用亲身的实践对前人的有关知识、观点和理论进行验证，并作适当的发挥、诠释和概括。贾思勰在《齐民要术·序》中对他的研究方法作了叙述："采掇经传，爰及歌谣，询之老成，验之行事，起自耕农，终于醯醢，资生之业，靡不毕书。"这里包括两

---

① （明）张介宾：《类经图翼》附《类经附翼》，人民卫生出版社，1985年，第390～391页。

个方面：其一为"采掘经传，爰及歌谣，询之老成"，广泛收集前人的研究资料，这就是"博学于文"；其二为"验之行事"，通过亲身实践加以检验和提高，也就是"实事求是"。祖冲之在将所编制的《大明历》上呈给孝武帝时说："臣博访前坟，远稽昔典，五帝躔次，三王交分，《春秋》朔气，《纪年》薄蚀，（司马）谈、（司马）迁载述，（班）彪、（班）固列志，魏世注历，晋代《起居》，探异今古，观要华戎。书契以降，二千余稔，日月离会之征，星度疏密之验，专功耽思，咸可得而言也。加以亲量圭尺，躬察仪漏，目尽毫厘，心穷筹策，考课推移，又曲备其详矣。"[①]可见，祖冲之编制《大明历》也是遵循着"博学于文""实事求是"的路径。

由于与经学研究有许多相似之处，古代的科技研究大都围绕着前人的著作而展开，所以，一直有尊崇经典的传统。古代科学家首先必须尊崇儒家经典，尤其是包含科技知识的那些儒家经典，如《诗经》《尚书·尧典》《尚书·禹贡》《礼记·月令》《周礼》《周易》以及《春秋》"经传"等都是古代科学家所必须尊崇的经典。此外，科学中的各门学科也都有各自的经典：数学上有"算经十书"，包括《周髀算经》《九章算术》《海岛算经》《孙子算经》《夏侯阳算经》《张丘建算经》《缀术》《五曹算经》《五经算术》《缉古算经》；天文学上有《周髀算经》《甘石星经》等；地理学上有《山海经》《水经》等；医学上有《黄帝内经》《神农本草经》《难经》《脉经》《针灸甲乙经》等；农学上有《氾胜之书》《四民月令》《齐民要术》《耒耜经》《茶经》等。这些经典是各学科的科学家所必须尊崇的。

由于尊崇经典，所以，科技研究只是在经典所涉及的范围内展开，只是在对经典的诠释过程中有所发挥。与经学研究的传注传统相类似，在中国古代科技史上，先有《九章算术》，后有《九章算术注》；先有《水经》，后有《水经注》；先有《神农本草经》，后有《神农本草经集注》，诸如此类。由此可见，在中国古代，科技研究与儒家的经学研究在许多方面是相一致的。

---

① （梁）萧子显：《南齐书》（三）卷五十二，中华书局，1972年，第903～904页。

四、科学思想与儒家自然观

儒家讲究"天人合一"之道，重视研究天地自然，因而形成了儒家的自然观；同时，在中国古代科技史上，包括阴阳五行自然观在内的儒家自然观一直是科技的思想基础，并对中国古代科技产生重要的影响。以下分别阐述儒家的阴阳五行自然观、易学自然观以及气学自然观和理学自然观对于中国古代科技的影响。

（一）儒家的阴阳五行自然观对科技的影响

先秦战国时期，阴阳五行说非常流行，讲阴阳五行的有许多家。《管子》、阴阳家、医家以及后来的《吕氏春秋》等都讲阴阳五行，这一时期的儒家也讲阴阳五行。如前所述，曾子明确讲阴阳相互协调并配以五行以治理天下。思孟学派较为明确地讲阴阳五行，荀子曾指责子思、孟子"案往旧造说，谓之五行"（《荀子·非十二子》）。《礼记·月令》则较为完整地构建了儒家的阴阳五行自然观。

汉代的董仲舒对儒家的阴阳五行说作了进一步发挥，指出："天地之气，合而为一，分为阴阳，判为四时，列为五行。行者，行也，其行不同，故谓之五行。五行者，五官也，比相生而间相胜也。"[①]这里的"比相生而间相胜"，即按照木、火、土、金、水的次序，"比相生"：木生火，火生土，土生金，金生水，水生木；"间相胜"：金胜木，水胜火，木胜土，火胜金，土胜水。在以儒学为主干的中国传统文化背景下，董仲舒的表述实际上成为阴阳五行说的正统表述。

儒家的阴阳五行自然观对中国古代科技具有重要影响。《孙子算经·序》说："夫算者，天地之经纬，群生之元首，五常之本末，阴阳之父母，星辰之建号，三光之表里，五行之准平，四时之终始，万物之祖宗，六艺之纲纪；稽群伦之聚散，考二气之升降，推寒暑之迭运，步远近之殊同。"在《孙子算

---

① （汉）董仲舒：《春秋繁露》第十三卷《五行相生》，上海古籍出版社，1989年，第76页。

经》看来，数学是要解决天地间包括阴阳五行在内的各种问题。这实际上就是把阴阳五行说看作数学产生的基础。

　　阴阳五行说对于古代医药学影响最为明显。这不仅是由于作为古代医学经典的《黄帝内经》以阴阳五行说为基础，而且还在于阴阳五行说同时也是儒家的自然观。赵佶的《圣济经》说："声合五音，色合五行，脉合阴阳，孰为此者，理之自然也。玄牝赋形，既有自然之理。良工治疾，亦有自然之宜"，"达自然之理，以合自然之宜，故能优游于望闻问切之间，而坐收全功。"[①]《圣济经》还有"药理篇"一卷，其中说道："物各有性，性各有材，材各有用。圣人穷天地之妙，通万物之理，其于命药，不特察草石之寒温，顺阴阳之常性而已。"[②]显然，这是把阴阳五行说贯穿于治病用药上。刘完素说："夫五行之理，阴中有阳，阳中有阴，孤阴不长，独阳不成。但有一物，全备五行，递相济养，是谓和平。交互克伐，是谓兴衰。变乱失常，灾害由生。是以水少火多，为阳实阴虚而病热也；水多火少，为阴实阳虚而病寒也。"[③]李杲也说："夫圣人治病，必本四时升降浮沉之理，权变之宜，必先岁气，无伐天和，无胜无虚，遗人夭殃。无致邪，无失正，绝人长命……大抵圣人立法，且如升阳或发散之剂，是助春夏之阳气，令其上升，乃泻秋冬收藏殒杀寒凉之气，此病是也。当用此法治之，升降浮沉之至理也。天地之气以升降浮沉，乃从四时，如治病，不可逆之。"[④]明确把阴阳五行之理看作是医药学的理论依据。

　　农学也讲阴阳五行。陈旉在《农书》的《天时之宜篇》中指出："四时八节之行，气候有盈缩蹐赢之度。五运六气所主，阴阳消长有太过不及之差。其道甚微，其效甚著。盖万物因时受气，因气发生；其或气至而时未至，或时至而气未至，则造化发生之理因之也。若仲冬而李梅实，季秋而昆虫不蛰藏，类可见矣。天反时为灾，地反物为妖。灾妖之生，不虚其应者，气类召之也。阴阳一有愆忒，则四序乱而不能生成万物。寒暑一失代谢，即节候差而不能运转一气。在耕稼盗天地之时利，可不知耶……然则顺天地时利之宜，识阴

① （宋）赵佶：《圣济经》卷一《体真篇·通术循理章》，人民卫生出版社，1990年，第22、25页。
② （宋）赵佶：《圣济经》卷九《药理篇·权通意使章》，人民卫生出版社，1990年，第172～173页。
③ （金）刘完素：《素问玄机原病式》，人民卫生出版社，1983年，第169页。
④ （元）李杲：《兰室秘藏》卷中《经漏不止有三论》，人民卫生出版社，1985年，第95～96页。

阳消长之理，则百谷之成，斯可必矣。"王祯则在《农书》的《农桑通诀·授时篇》中认为，从事农业生产，"不知阴阳有消长、气候有盈缩，冒昧以作事"，是难以成功的。徐光启的《农政全书·农本·诸家杂论下》引农学家马一龙《农说》："畜阳不极，发生乃微；凝阴在土，其气固嚣。阳自下起，发其内之，一本以出于外，诸阴皆死者；阴自下起，敛其外之，散齐以入于内，诸阳皆生者。阳上而不抑，遂以精洗；阴下而不济，亦难以形坚。是故含生者，阳以阴化；达生者，阴以阳变。察阴阳之故，参变化之机，其知生物之功乎！"显然，这里是以阴阳学说阐述植物生长的原理，并以此作为农学的基础。

（二）易学自然观对科技的影响

易学自然观，即先秦儒家所撰《易传》诠释《周易》所内涵的阴阳、三才以及易数等概念而构建的自然观。由于汉代之后，《易经》为"五经"之首，易学自然观对于古代科技的影响也最为显著。

古代天文学家必定要讲易数。刘歆的《三统历》实际上就是用易数来解释历数，且对后世历法产生重要影响。刘洪的《乾象历》"推而上则合于古，引而下则应于今。其为之也，依《易》立数，遁行相号，潜处相求"，[1]这里所谓的"依《易》立数"，实际上就是根据易数来确定历数。僧一行的《大衍历》中的《历本议》说："《易》：'天数五，地数五，五位相得而各有合，所以成变化而行鬼神也。'天数始于一，地数始于二，合二始以位刚柔。天数终于九，地数终于十，合二终以纪闰余。天数中于五，地数中于六，合二中以通律历……是以大衍为天地之枢，如环之无端，盖律历之大纪也。"[2]在一行看来，《周易》的"大衍之数"是历法的基础和出发点。

古代数学家非常重视《周易》的阴阳思想。刘徽在所撰《九章算术注》的"序"中说："徽幼习《九章》，长再详览，观阴阳之割裂，总算术之根源。探赜之暇，遂悟其意。是以敢竭顽鲁，采其所见，为之作注。"也就是说，他是通过《周易》的阴阳之说"总算术之根源"，从而明白《九章算术》

① （唐）房玄龄等：《晋书》（二）卷十七，中华书局，1974年，第498页。
② （宋）欧阳修：《新唐书》（二）卷二十七上，中华书局，1975年，第588页。

之意，并为《九章算术》作注。宋代之后的数学家则非常重视《周易》中的"河图洛书"以及易数。明代数学家程大位的《算法统宗》"首篇"有：总说、河图、洛书、伏羲则图作易图、洛书释数、九宫八卦图、洛书易换数、黄钟万事根本图，并指出："数何肇？其肇自图、书乎！伏羲得之以画卦，大禹得之以序畴，列圣得之以开物成务。凡天官、地员、律历、兵赋以及纤悉秒忽，莫不有数，则莫不本于《易》《范》。故今推明直指算法，辄揭河图、洛书于首，见数有原本云。"以为数学本于《周易》的"河图洛书"。

古代医学家也非常重视《周易》的阴阳思想。刘完素认为，医生治病应当知晓《周易》的阴阳之理。关于阴阳之理，他说："天地者，阴阳之本也；阴阳者，天地之道也，万物之纲纪，变化之父母，生杀之本始，神明之府也。故阴阳不测谓之神，神用无方谓之圣……大哉乾元，万物资始，至哉坤元，万物资生。所以天为阳，地为阴；水为阴，火为阳。阴阳者，男女之血气；水火者，阴阳之征兆。惟水火既济，血气变革，然后刚柔有体，而形质立焉。"[①]李杲也说："天地之间，六合之内，惟水与火耳。火者阳也，升浮之象也，在天为体，在地为用。水者阴也，降沉之象也，在地为体，在天为殒杀收藏之用也。其气上下交，则以成八卦矣。以医书言之，则是升浮降沉温凉寒热四时也，以应八卦。若天火在上，地水在下，则是天地不交，阴阳不相辅也，是万物之道，大《易》之理绝灭矣。故《经》言独阳不生，独阴不长，天地阴阳何交会矣？故曰，阳本根于阴，阴本根于阳。若不明根源，是不明道。"[②]这里运用《周易》的阴阳思想诠释《黄帝内经》的阴阳五行说。

《周易》的"三才之道"是古代农学研究的思想基础。贾思勰的《齐民要术》以"三才之道"为根本思想。《齐民要术·种谷第三》指出："凡谷，成熟有早晚，苗秆有高下，收实有多少，质性有强弱，米味有美恶，粒实有息耗。地势有良薄，山泽有异宜。顺天时，量地利，则用力少而成功多。任情返道，劳而无获。"要求遵循天时、地宜的自然规律，而不赞同仅凭主观而违反自然规律的"任情返道"，就是要实现天时、地利、人力的三者统一。这是对《周易》"三才之道"思想的具体运用。《齐民要术·种谷第三》还引《淮南子》曰："人君上因天时，下尽地利，中用人力，是以群生遂长，五谷蕃殖。

<hr />

① （金）刘完素：《素问病机气宜保命集》卷上《阴阳论》，中华书局，1985年，第7页。
② （元）李杲：《内外伤辩惑论》卷下《重明木郁则达之之理》，人民卫生出版社，1959年，第34页。

教民养育六畜，以时种树，务修田畴，滋殖桑麻。肥硗高下，各因其宜。"陈旉《农书》的《天时之宜篇》指出："耕稼，盗天地之时利，可不知耶？传曰：不先时而起，不后时而缩。故农事必知天地时宜，则生之、蓄之、长之、育之、成之、熟之，无不遂矣。""万物之生各得其宜者，谓天地之间物物皆顺其理也……顺天地时利之宜，识阴阳消长之理，则百谷之成，斯可必矣。"显然是运用了《周易》"三才之道"。《王祯农书》也以"三才之道"为基础。其《农桑通诀》在叙述了农事起本、牛耕起本、蚕事起本之后，便是《授时篇》《地利篇》《孝弟力田篇》。这实际上就是要以天、地、人"三才"理论作为整部《农书》的基础。而且《授时篇》还说："四时各有其务，十二月各有其宜。先时而种，则失之太早而不生；后时而艺，则失之太晚而不成。"《垦耕篇》说："天气有阴阳寒燠之异，地势有高下燥湿之别，顺天之时，因地之宜，存乎其人。"①充分体现出《周易》的"三才"思想。

（三）气学自然观对科技的影响

儒家的气学自然观在先秦荀子以及《易传》那里已见雏形。《荀子·礼论》说："天地合而万物生，阴阳接而变化起。"《荀子·王制》说："水火有气而无生，草木有生而无知，禽兽有知而无义，人有气、有生、有知，亦且有义，故最为天下贵也。"《周易·咸·彖》说："二气感应以相与""天地感而万物化生"。《周易·系辞下传》说："天地絪缊，万物化醇；男女构精，万物化生。"认为天地阴阳二气相互感应、融合而化生万物。

宋代张载集气学之大成。他说："凡可状，皆有也；凡有，皆象也；凡象，皆气也。"②又说："气有阴阳，屈伸相感之无穷，故神之应也无穷；其散无数，故神之应也无数。虽无穷，其实湛然；虽无数，其实一而已。"③他还说："地纯阴凝聚于中，天浮阳运旋于外，此天地之常体也。恒星不动，纯系乎天，与浮阳运旋而不穷者也；日月五星逆天而行，并包乎地者也。地在气中，虽顺天左旋，其所系辰象随之，稍迟则反移徙而右尔。"④"气块然太虚，升降飞

---

① （明）王祯：《农书》，王毓瑚校：《王祯农书》，农业出版社，1981年，第22页。
② （宋）张载：《正蒙·乾称篇》，《张载集》，中华书局，1978年，第63页。
③ （宋）张载：《正蒙·乾称篇》，《张载集》，中华书局，1978年，第66页。
④ （宋）张载：《正蒙·参两篇》，《张载集》，中华书局，1978年，第10～11页。

扬,未尝止息,《易》所谓'絪缊',庄生所谓'生物以息相吹'、'野马'者与!此虚实、动静之机,阴阳、刚柔之始。浮而上者阳之清,降而下者阴之浊,其感(通)聚(结),为风雨,为雪霜,万品之流形,山川之融结,糟粕煨烬。"[①]在这里,张载用气解释宇宙结构以及其他各种自然现象,形成了完整的气学自然观。

张载的气学自然观对后世的科学发展产生了重要影响,出现了不少讲论"气"的科学家,其中最重要的有:朱世杰、李时珍、张介宾、宋应星、方以智等。他们把"气"与科学研究结合起来,从而推动了科学的发展。

朱世杰的《四元玉鉴》讲"一气混元",把《周易》的"太极"诠释为"元气",以作为宇宙之始。莫若《四元玉鉴·前序》指出:"其(四元术)法以元气居中,立天元一于下,地元一于左,人元一于右,物元一于上。阴阳升降,进退左右,互通变化,错综无穷。"祖颐《四元玉鉴·后序》也说:"(四元术)按天、地、人、物立成四元,以元气居中,立天勾、地股、人弦、物黄方。"朱世杰的四元术"以元气居中",明显是受到气学自然观的影响。

李时珍认为,草木最初都是由"气"化生而来的。他说:"木乃植物,五行之一。性有土宜,山谷原隰。肇由气化,爰受形质。"[②]他还认为,人与草木一样,最初也源于气化。他说:"太初之时,天地絪缊,一气生人,乃有男女。男女媾精,乃自化生。如草木之始生子,一气而后有根及子,为种相继也。"[③]因此,他用"气"来解释自然万物的生成。他说:"石者,气之核,土之骨也。大则为岩声,细则为砂尘。其精为金为玉,其毒为礜为砒。气之凝也,则结而为丹青;气之化也,则液而为矾汞。其变也:或自柔而刚,乳卤成石是也;或自动而静,草木成石是也;飞走含灵之为石,自有情之无情也;雷震星陨之为石,自无形而成有形也。"[④]在这里,李时珍还用"气"的变化来解释自然界物质的变化。

张介宾医学思想的理论基础在于他的"以气为本"自然观。张介宾认

---

① (宋)张载:《正蒙·太和篇》,《张载集》,中华书局,1978年,第8页。
② (明)李时珍:《本草纲目》卷三十四卷《木部·目录》,文渊阁四库全书。
③ (明)李时珍:《本草纲目》卷五十二《人部·人傀》,文渊阁四库全书。
④ (明)李时珍:《本草纲目》卷八《金石部·目录》,文渊阁四库全书。

为，从宇宙生化过程来看，气为天地万物之本。他说："夫生化之道，以气为本，天地万物莫不由之。故气在天地之外，则包罗天地，气在天地之内，则运行天地，日月星辰得以明，雷雨风云得以施，四时万物得以生长收藏，何非气之所为？人之有生，全赖此气。"[1]认为从天地万物到人都是"以气为本"。他还说："万物之气皆天地，合之而为一天地；天地之气即万物，散之而为万天地。故不知一，不足以知万；不知万，不足以言医。"[2]显然，"气"为天地万物以及人之本，是张介宾研究医学的理论基础。

宋应星认为，天地万物都是由"气"构成的，指出："盈天地皆气也。"[3]"尘埃空旷之间，二气之所充也。"[4]而且他还说："天地间非形即气，非气即形，杂于形与气之间者，水火是也。由气而化形，形复返于气，百姓日习而不知也。"[5]以为天地之间的物质可以归结为"形"和"气"。宋应星非常关注"形"与"气"的关系，较多地讲"气化"。他认为，在从"气"化生为"形"的过程中，"气"生成水火之气，水火之气生成有形之物土、金、木，然后，由五行而生成万事万物。从这一观点出发，宋应星认为，天地间的日月、陨石、雨雹、土石、草木等自然物，都是由于气化而形成。他说："气聚而不复化形者，日月是也。形而不复化气者，土石是也。气从数万里而坠，经历埃壒奇候，融结而为形者，星陨为石是也，气从数百初而坠，化为形而不能固者，雨雹是也。"[6]又说："气从地下催腾一粒，种性小者为蓬，大者为蔽牛干霄之木，此一粒原本几何，其余则皆气所化也。"[7]

明清之际的方以智既是儒家学者，又是科学家。他认为，天地万物都来源于"气"。他说："一切物皆气所为也，空皆气所实也。"[8]他还认为，自然界中的光和声也是由"气"所产生的，指出："但以气言，气凝为形，蕴发为光，窍激为声，皆气也。"[9]又说："气凝为形，发为光声，犹有未凝形之空气与之摩荡嘘吸。故形之用，止于其分；而光声之用，常溢于其余。气无空

---

① （明）张介宾：《类经》（上）卷一《摄生类》，人民卫生出版社，1965年，第5页。
② （明）张介宾：《类经图翼》卷一《运气上》，人民卫生出版社，1985年，第2页。
③ （明）宋应星：《论气·气声二》，《野议论气谈天思怜诗》，上海人民出版社，1976年，第66页。
④ （明）宋应星：《论气·水火二》，《野议论气谈天思怜诗》，上海人民出版社，1976年，第82页。
⑤⑥⑦（明）宋应星：《论气·形气化》，《野议论气谈天思怜诗》，上海人民出版社，1976年，第52页。
⑧ （明）方以智：《物理小识》卷一《天类·气论》，文渊阁四库全书。
⑨ （明）方以智：《物理小识》卷一《天类·四行五行说》，文渊阁四库全书。

隙，互相转应也。"① 在方以智看来，自然界中的空气、有形物以及光、声都来自"气"。

（四）理学自然观对科技的影响

宋儒讲"理"，直到二程建立理学。二程说："离了阴阳更无道，所以阴阳者是道也。阴阳，气也。气是形而下者，道是形而上者。"② 就具体事物讲，二程讲的"理"就是物之理。二程说："天下物皆可以理照，有物必有则，一物须有一理。"③ "凡眼前无非是物，物物皆有理，如火之所以热，水之所以寒；至于君臣父子间皆是理。"④ 所以，二程的"理"也包括自然之理。这就形成了理学自然观。后来的朱熹继承二程的思想，使理学自然观发扬光大。尤其是朱熹理学在宋末成为官学之后，理学自然观对科学发展产生很大的影响。

宋代秦九韶在《数书九章·序》中提出"数与道非二本"，并且认为，数学"大则可以通神明、顺性命，小则可以经世务、类万物"，而他撰《数书九章》的最终目的在于通过数学而"进之于道"。金元之际数学家李冶在《测圆海镜·序》中说："夫昭昭者，其自然之数也；非自然之数，其自然之理也。数一出于自然，吾欲以力强穷之，使隶首复生，亦未知之何也已。苟能推自然之理，以明自然之数，则虽远而乾端坤倪，幽而神情鬼状，未有不合者矣。"⑤ 显然，他们都受到理学自然观的影响。朱世杰在《四元玉鉴·卷首》中说："凡习四元者，以明理为务；必达乘除升降进退之理，乃尽性穷神之学也。"在他看来，数学之理与宋代理学家的"理"是同一的，可以通过研习数学之理达到"尽性"。这就是理学家所谓的"穷理尽性"。

元代天文学家郭守敬与王恂等人共同编制《授时历》。如前所述，当时王恂以为，"历家知历数而不知历理"，于是推荐理学家许衡参与主持编制历法，是因为在王恂看来，历家不仅要知历数，而且更要知"历理"。明代科

---

① （明）方以智：《物理小识》卷一《天类·光论》，文渊阁四库全书。
② （宋）程颢、程颐：《河南程氏遗书》卷十五，《二程集》（一），中华书局，1981年，第162页。
③ （宋）程颢、程颐：《河南程氏遗书》卷十八，《二程集》（一），中华书局，1981年，第193页。
④ （宋）程颢、程颐：《河南程氏遗书》卷十九，《二程集》（一），中华书局，1981年，第247页。
⑤ （元）李冶：《测圆海镜·序》，白尚恕：《测圆海镜今译》，山东教育出版社，1985年，第1页。

学家朱载堉说："夫术士知数而未达其理，故失之浅；先儒明理而复善其数，故得之深……天运无端，惟数可以测其机；天道至玄，因数可以见其妙。理由数显，数自理出，理数可相倚而不可相违，古之道也。"①认为研究数学关键是要把握"理"，数与理是相辅相成的。王锡阐说："天学一家，有理而后有数，有数而后有法。然唯创法之人，必通于数之变，而穷于理之奥，至于法成数具，而理蕴于中。"②"欲求精密，则必以数推之，数非理也，而因理生数，即因数可以悟理。"③清初数学家梅文鼎说："历也者，数也。数外无理，理外无数。数也者，理之分限节次也。"④"历生于数，数生于理，理与气皆其中。"⑤"夫治理者，以理为归；治数者，以数为断，数与理协，中西非殊。"⑥显然，这里有关"历理""数理"的讨论受到了理学自然观的影响。

　　与天文学家、数学家讲"历理""数理"的同时，医学家则讲"医理"。刘完素在《素问玄机原病式·序》中反复地讲到"自然之理"。他说："夫医教者，源自伏羲，流于神农，注于黄帝，行于万世，合于无穷，本乎大道，法乎自然之理。""夫圣人之所为，自然合于规矩，无不中其理者也。虽有贤哲而不得自然之理，亦岂能尽善而无失乎？"他还在所撰《素问病机气宜保命集·序》中说："夫医道者，以济世为良，以愈疾为善。盖济世者，凭乎术；愈疾者，仗乎法……得其理者，用如神圣；失其理者，似隔水山。"这里讲的"理"明显是受到理学的影响。张介宾在其阐述中医理论的《景岳全书》的第一篇《明理》中说："万事不能外乎理，而医之于理为尤切。散之则理为万象，会之则理归一心……故医之临证，必期以我之一心洞病者之一本；以我之一对彼之一；既得一真，万疑俱释，岂不甚易？一也者，理而已矣。苟吾心之理明，则阴者自阴，阳者自阳，焉能相混。阴阳既明，则表与里对，虚与实对，寒与热对。明此六变，明此阴阳，则天下之病固不能出此八者。"显然，这里对"医理"的诠释受到理学自然观的影响。

① （明）朱载堉：《圣寿万年历·卷首》，文渊阁四库全书。
② （清）阮元：《畴人传》卷三十五《王锡阐下》，商务印书馆，1935年，第441页。
③ （清）阮元：《畴人传》卷三十四《王锡阐上》，商务印书馆，1935年，第429页。
④ （清）梅文鼎：《历算全书》卷六《历学答问·学历说》，文渊阁四库全书。
⑤ （清）梅文鼎：《历算全书》卷二十一《历学骈枝·释凡四则》，文渊阁四库全书。
⑥ （清）梅文鼎：《历算全书》卷三十四《笔算·自序》，文渊阁四库全书。

　　程朱理学不仅讲"理"，而且讲"即物穷理"，这就是朱熹的"格物致知"。作为理学自然观的重要组成部分，朱熹的"格物致知"对后世科技的发展影响很大。刘完素的《伤寒直格方》开头第一句便是"习医要用直格"。①元代的莫若在为朱世杰所著《四元玉鉴》作"序"时把数学研究看作"格物致知之学"。元代医学家朱震亨以"格物"为出发点，著《格致余论》，并有"序"云："古人以医为吾儒格物致知之一事。"②朱橚等的《普济方》指出："愿为良医力学者，当在乎致知，致知当在乎格物。物不格，则知不至。若曰只循世俗众人耳闻目见谓之知，君子谓之不知也。"③李时珍在《本草纲目·凡例》中说："（本草）虽曰医家药品，其考释性理，实吾儒格物之学。"并且还说："医者，贵在格物也。"④明代科学家徐光启还提出了"格物穷理之学"的概念，指出：泰西"有一种格物穷理之学，凡世间世外、万事万物之理，叩之无不河悬响答，丝分理解；退而思之，穷年累月，愈见其说之必然而不可易也。格物穷理之中，又复旁出一种象数之学。象数之学，大者为历法，为律吕；至其他有形有质之物，有度有数之事，无不赖以为用，用之无不尽巧极妙者。"⑤把西方科技纳入理学的"格物致知"的框架之中。

　　由此可见，在以儒学为主干的中国传统文化背景中，科学家及其科学研究受到了儒学的诸多方面的影响。儒学不仅影响着他们的人格以及日常生活，而且影响着他们的科研动机、科研过程和科学思想，因此，儒学实际上成为中国古代科学家进行科学研究所不可或缺的基本元素。正如儒学具有科技内涵，中国古代科技也具有儒学的内涵。

---

① （金）刘完素：《伤寒直格方·伤寒直格序》，文渊阁四库全书。
② （清）永瑢、纪昀等：《四库全书总目》卷一百三《子部·医家类二·格致余论》，文渊阁四库全书。
③ （明）朱橚等：《普济方》卷二百四十三《脚气门》，文渊阁四库全书。
④ （明）李时珍：《本草纲目》卷十四《草之三·芎䓖》，文渊阁四库全书。
⑤ （明）徐光启：《泰西水法序》，《徐光启集》（上）卷二，中华书局，1963年，第66页。

第五章

中国古代科技与儒学同步发展

从中国古代科技与儒学的发展历程可以看出，中国古代科技经历了科技体系奠基的春秋战国时期、科技体系形成的汉代、科技持续发展的魏晋南北朝至隋唐时期、科技发展至高峰的宋元时期以及科技缓慢发展的明清时期，直至后来的衰落；同样，儒学也经历了春秋战国时期的创立、汉代经学的形成、魏晋南北朝至隋唐时期的儒释道三足鼎立、宋代理学以及明清经世之学，直至后来的衰落。如果将中国古代科技的发展与儒学的发展历程对应起来，便不难发现，儒学的发展与中国古代科技的发展是同步的。需要指出的是，儒学发展与古代科技发展的同步性不能简单地视为一种偶然现象，尤其是儒学发展的两个最重要的时期，即儒学成为主流文化的汉代与儒学以理学的形式再次占据主导地位的宋代，恰恰是古代科技发展的两个最重要的时期，即汉代古代科技体系的形成时期和宋元古代科技发展的高峰时期。这种吻合足以说明儒学发展与古代科技发展的同步性存在着某种内在的关联性。①

一、汉代科技体系的形成与儒学

春秋战国时期是儒学的形成时期，同时也是古代科技体系的奠基时期。这一时期，孔子创立了儒家，其后有思孟学派以及荀子等儒家学者继承和发展了孔子的学说，标志着儒学的形成。在科技方面，出现了以甘德《天文星占》、石申《天文》《墨经》《山海经》《考工记》等为代表的一批科技著作，标志着古代科技体系的奠基。

汉代，儒学被官方化，成为主流文化，在思想文化以及社会各个领域中

---

①周瀚光曾对此有过论述："在中国古代科技发展史上，有两个时代特别重要：一个是汉代，是各门学科初具规模、奠定体系的时期；再一个是宋代，是传统科学走向高峰的黄金时期。而在学术思潮发展领域，这两个时期恰恰一个是独尊儒术（在汉代），再一个是儒学复兴（在宋代）。这难道仅仅是一种偶然的巧合，其间没有必然的联系吗？"（周瀚光：《论儒家思想对科技发展的积极影响——兼评李约瑟对儒家思想的偏见》，《华东师范大学学报》，1998年6期）

占据了统治地位。与之相对应的是古代科技的迅速发展，形成了完整的科技体系。尤其是中国古代的数学、天文学、医药学和农学四大学科大致在汉代各自都具有了自己的科学范式和基本的知识体系。

数学以汉代的《九章算术》为代表，以解决社会的各种实际问题为主要目的，以算筹为主要的计算工具，以十进位值制的记数系统进行各种运算，是一个包括算术、代数、几何等各种数学知识的体系。然而，《九章算术》源于儒家经典《周礼》中所说的"九数"。东汉郑玄引郑司农（郑众）言："九数：方田、粟米、差分、少广、商功、均输、方程、嬴不足、旁要。"[①]《九章算术》则分为方田、粟米、衰分、少广、商功、均输、盈不足、方程、勾股等九章。据魏晋时期数学家刘徽《九章算术注·序》所说："周公制礼而有九数，九数之流，则《九章》是矣。往者暴秦焚书，经术散坏。自时厥后，汉北平侯张苍、大司农中丞耿寿昌皆以善算命世。苍等因旧文之遗残，各称删补。"据此，中国科技史家还认为，"张苍是汉代第一位整理补缀《九章算术》的学者"。[②]然而，张苍又是传《春秋左传》的经学家。据西汉刘向《别录》所说："左丘明授曾申，申授吴起，起授其子期，期授楚人铎椒，铎椒作《抄撮》八卷授虞卿，虞卿作《抄撮》九卷授荀卿，荀卿授张苍。"[③]显然，《九章算术》与儒学有着密切的关系。甚至有中国数学史家认为，《九章算术》"是东汉初年儒学的一部分，与儒家的传统思想有密切关系"，"《九章算术》的编集与东汉初年经古文学派的儒士有密切的关系"。[④]

天文学以《周髀算经》的盖天说、张衡的浑天说和宣夜说等宇宙结构理论以及汉代的历法为代表。重要的是，汉代儒家普遍对天文历法感兴趣，并参与了当时的科学研究。西汉经学家刘歆对《太初历》作了较大的改进而形成《三统历》，为中国古代的历法发展奠定了基础。以桓谭、扬雄为代表的不少儒家学者参与了宇宙结构理论上的浑盖之争，推动了天文学的发展。此后，东

①（唐）贾公彦：《周礼注疏》卷十四，（清）阮元校刻：《十三经注疏》，中华书局，1980年，第731页。

②金秋鹏：《中国科学技术史·人物卷》，科学出版社，1998，第45页。

③（唐）孔颖达：《春秋左传正义》卷一，（清）阮元校刻：《十三经注疏》，中华书局，1980年，第1703页。

④钱宝琮：《〈九章算术〉及其刘徽注与哲学思想的关系》，《钱宝琮科学史论文选集》，科学出版社，1983年，第600～601页。

汉经学家贾逵、蔡邕、陆绩以及郑玄等，都对当时天文历法体系的建立做出了重要贡献。需要指出的是，汉代天文学家张衡不仅对儒家经典多有研究，而且受到扬雄所著《太玄》的影响。据《后汉书·张衡传》记载，张衡"善机巧，尤致思于天文、阴阳、历算，常耽好《玄经》"，还说"吾观《太玄》，方知子云（扬雄）妙极道数，乃与《五经》相拟"。由此可见，汉代的天文历法与儒学有着密切的关系。

医药学以《黄帝内经》《神农本草经》以及张仲景的《伤寒杂病论》为代表，形成了完整的医药学体系。其中包括以中国古代的阴阳五行学说来说明人体的生理现象、病理变化以及药物性能。《黄帝内经》一开始就以"黄帝"与"岐伯"对话的方式就如何养生长寿展开讨论，并分别阐述了真人、至人、圣人、贤人的养生智慧。其中既有先秦道家的养生思想，也有儒家的养生思想。更为重要的是，作为《黄帝内经》理论基础的阴阳五行说同时也是儒家的自然观。张仲景《伤寒杂病论》确立了辨证论治的原则，然而，如前所述，最为根本的还在于"爱人知物""爱躬知己"，实践儒家"仁者爱人"的最高理念。

农学以汉代的《氾胜之书》以及北魏贾思勰《齐民要术》为代表。尤其是《齐民要术》，内容涉及精耕细作、选种播种、作物栽培、果木种植、畜禽饲养、食物加工等等许多方面，体现了中国古代农业精耕细作的基本特点。然而，《齐民要术》与儒学有着密切的关系，它吸取了儒家的民本思想，讲"要在安民，富而教之"；同时，以儒家的"三才之道"为基础，要求"顺天时，量地利"，反对"任情返道"；而且还大量吸收儒家经典中的农学知识，成为中国古代农学研究的典范。

汉代儒学背景下中国古代科技体系的形成，为后来的进一步发展奠定了基础。魏晋南北朝至隋唐时期，科技得到了持续的发展。数学上出现了"算经十书"。天文学上的成就侧重于天文观测方面，主要有：虞喜发现岁差并进行了测定，张子信发现了太阳视运动的不均匀性，僧一行、南宫说对子午线进行了实测。医学方面的主要著作有王叔和的《脉经》、皇甫谧的《针灸甲乙经》、葛洪的《肘后备急方》、陶弘景的《神农本草经集注》、巢元方的《诸病原候论》、孙思邈的《备急千金要方》、王焘的《外台秘要》。尤为重要的是，唐代颁布了国家药典《新修本草》。农学方面，出现了《四时纂要》《耒耜经》《茶经》等农学著作。

二、宋元时期的科技高峰与儒学

宋元时期，儒学达到了新的高峰，古代科技也在这一时期发展至高峰。[①]这一时期，儒学对于科技发展的影响，除了表现在宋元时期的儒家普遍对自然知识以及科技感兴趣，或对科技有所研究，更在于这一时期儒家所形成的济世精神、博学精神、求理精神和怀疑精神，与宋元时期的科技发展有着密切的关系。

论及宋元时期儒家的济世精神，首推北宋儒家范仲淹所倡导的"先天下之忧而忧，后天下之乐而乐"，[②]这一理念得到了同时代儒者的共鸣。张载志在"为天地立心，为生民立命，为往圣继绝学，为万世开太平"，则道出了理学家的为学旨趣，反映出北宋儒家普遍的济世精神，并成为宋元时期普遍的儒学精神。

宋元时期的科学家普遍具有强烈的济世精神。地理学家乐史所撰《太平寰宇记》是一部全国地理总志，被认为是"传世内容最丰富的古代地理著作"。[③]从其撰著的动机看，虽然有"颂万国之一君，表千年之一圣"，为宋王朝歌功颂德的因素，但其本意还在于使"万里山河，四方险阻，攻守利害，沿袭根源，伸纸未穷，森然在目。不下堂而知五土，不出户而观万邦"；同时，还由于前人的地理学著作"编修太简"，而且"朝代不同"，加上地名变化，所以，乐史要编

---

①《中国科学技术史稿》指出："宋元科学技术达到了高度发展的阶段，这时期人才辈出，既有博闻强记、见多识广、兼擅众长的科学家沈括，又有专攻一门、具有世界先进水平的专业数学家朱世杰。既有以苏颂、韩公廉为首创造水运仪象台的科研集体，又有首创活字印刷术的伟大发明家平民毕昇。它如创造火箭的唐福、冯继昇，数学家贾宪、刘益、秦九韶、李冶、杨辉，天文学家郭守敬、杨忠辅、姚舜辅，地图学家朱思本，农学家陈旉、王祯，医学家刘完素、张从正、李杲、朱震亨、危亦林、滑寿、钱乙、宋慈，机械制造家燕肃、吴德仁，名锻工刘美，造炮工亦思马因，水工高超，木工喻皓，船工高宣，创造新船型的项绾、冯湛、秦世辅、马定远，发展海运的朱清、张瑄、殷明略，著《营造法式》的李诫，著《武经总要》的曾公亮、丁度，著《梓人遗制》的薛景石等等。正是这许多可敬的人们，先后在各个方面的努力，将宋元时期科学技术推进到高度发展的阶段，在我国古代科学技术史中写下了光辉的篇章。"[杜石然等：《中国科学技术史稿》（下），科学出版社，1982年，第107～108页]
②（宋）范仲淹：《范文正公集》卷七《岳阳楼记》，四部丛刊初编。
③ 杜石然：《中国古代科学家传记》（上），科学出版社，1992年，第438页。

撰《太平寰宇记》以弥补前人的"漏落"和"阙遗"。[1]科学家沈括曾作《孟子解》，推崇"君子之道"，阐发"以民为本"，[2]足以表现他的济世精神。从沈括在科学上所做出的重要贡献看，他研究晷漏，改制了浑仪、浮漏和景表，进行天文观测，并提出制定"十二气历"，在数学上提出了"隙积术"和"会圆术"，还制成木质立体地图，绘制成全国性地图，在医药学上编著了《苏沈良方》，等等；这些研究均与国家和百姓的需要密切相关，属于实用科学一类。沈括专注于这样的实用科学，很能反映出他的济世精神。农学家陈翥所撰《桐谱》是"我国最早一本比较详细地论述泡桐的专著"[3]。他在撰写这部著作时虽然抱有"知吾既不能干禄以代耕"的遗憾，但是在心灵深处，还是潜藏着"补农家说"的志向。[4]医学家张杲所撰《医说》说道："医之为道，由来尚矣。原百病之愈，本乎黄帝；辨百药之味，本乎神农；汤液则本乎伊尹。此三圣人者，拯黎元之疾苦，赞天地之化育，其有功于万世大矣。万世之下，深于此道者，是亦圣人之徒也。"[5]这些都充分表现出科学家们的济世精神。

宋元时期儒家大都博学多才，除了研读儒家经典之外，他们"无所不读""无所不问"，尤其对自然知识以及科技感兴趣。张载说："惟博学然后有可得以参较琢磨。学博则转密察，钻之弥坚，于实处转笃实，转诚转信。故只是要博学，学愈博则义愈精微。"[6]朱熹则讲"一书不读，则阙了一书道理；一事不穷，则阙了一事道理；一物不格，则阙了一物道理。须著逐一件与他理会过"；[7]王柏讲"圣人于天下之理，幽明巨细，无一物之不知"；[8]王应麟讲"君子耻一物不知，讥五谷不分"。[9]

宋元时期的科学家也大都博学。乐史一生著述颇多，除了撰《太平寰宇记》二百卷之外，《宋史·艺文志》收录他的著作还有：《贡举故事》《登科

① （宋）乐史：《太平寰宇记·自序》，文渊阁四库全书。
② 乐爱国：《宋代的儒学与科学》，中国科学技术出版社，2007年，第51～53页。
③ 杜石然：《中国古代科学家传记》（上），科学出版社，1992年，第459页。
④ （宋）陈翥：《桐谱》"序"，潘法连：《桐谱校注》，农业出版社，1981年。
⑤ （宋）张杲：《医说·隐医》，（清）陈梦雷等：《古今图书集成医部全录》（第12册）《总论》（卷五百二），人民卫生出版社，1991年，第44页。
⑥ （宋）张载：《经学理窟·气质》，《张载集》，中华书局，1978年，第270页。
⑦ （宋）黎靖德：《朱子语类》（一）卷十五，中华书局，1986年，第295页。
⑧ （宋）王柏：《金华王鲁斋先生正学编》卷上《理一分殊》，清乾隆十年（1745年）。
⑨ （宋）王应麟：《小学绀珠·原序》，文渊阁四库全书。

记》《孝悌录》《广孝悌书》《唐滕王外传》《坐知天下记》《总仙秘录》《广卓异记》《续广卓异记》《唐登科文选》《登科记解题》等等。燕肃不仅著成《海潮图》和《海潮论》，发明了莲花漏并撰写《莲花漏法》，制造了指南车、记里鼓车及欹器，成为宋代的科学家，而且，据《宋史·燕肃传》记载，他还通乐律、喜为诗、善绘画。曾公亮所撰《武经总要》不仅涉及科学和技术的诸多领域，而且该著作本身就是一部军事著作。主持修建万安桥并撰《荔枝谱》的蔡襄是北宋的儒家学者，同时也是著名的书法家，他的《荔枝谱》实际上也是他的书法作品。主持水运仪象台的创制并撰《本草图经》的苏颂"以儒学显"，而且"博学，于书无所不读，图纬、阴阳五行、星历，下至山经、本草、训诂文字，靡不该贯，尤明典故"。[1]沈括博学多识，《宋史·沈括传》称他"博学善文，于天文、方志、律历、音乐、医药、卜算，无所不通，皆有所论著"。沈括的著述颇多，共计40种，涉及《易》《礼》《乐》《春秋》、仪注、刑法、地理、儒家、农家、小说家、历算、兵书、杂艺、医书、别集、总集、文史等17类。[2]作为他的代表作，《梦溪笔谈》既有人文、社会科学的内容，又有自然科学的内容，反映出他的博学精神。陈翥勤奋好学，不仅撰《桐谱》，据说还曾撰有天文、地理、儒、释、农、医、卜、算方面的著作180多卷。[3]郑樵博览群书，据《宋史·郑樵传》记载，他"游名山大川，搜奇访古，遇藏书家，必借留读尽乃去"，在经学、礼乐、文字、天文、地理、虫鱼、草木、方书等方面皆有探讨，一生著述颇多，据顾颉刚先生考证，有八九十种，一千多卷，可分为十四类；[4]其中的《昆虫草木略》对动植物学具有重要贡献。范成大因撰写《桂海虞衡志》《太湖石志》《吴郡志》等地理著作而被列为地理学家，[5]同时他还是宋代著名的文学家。

需要指出的是，济世精神、博学精神并不为宋代儒家所专有，它是历代儒家所共同拥有的重要特征。然而，宋学的济世精神、博学精神与求理精神联系在一起，从而表现出明显的时代性。

---

① （宋）曾肇：《曲阜集》卷三《赠苏司空墓志铭》，文渊阁四库全书。
② 胡道静：《梦溪笔谈校正》，上海古籍出版社，1987年，第1151～1154页。
③ 杜石然：《中国古代科学家传记》（上），科学出版社，1992年，第457页。
④ 顾颉刚：《郑樵著述考》，（宋）郑樵：《通志二十略》（下），中华书局，1995年，"附录五"。
⑤ 杜石然：《中国古代科学家传记》（上），科学出版社，1992年，第579页。

宋元时期儒家讲"理"。据沈括《续笔谈》记载："太祖皇帝尝问赵普曰：'天下何物最大？'普熟思未答间，再问如前。普对曰：'道理最大。'上屡称善。"①欧阳修则通过"疑古""疑经"抛弃了汉代儒学的章句之学，直接从经典本身来阐发其义理，从而开创了义理之学。如前所述，欧阳修、王安石、司马光、苏轼等都讲自然之理。二程则要建立以"理"为核心的包括自然之理在内的理学，朱熹继承二程，集理学之大成，从而形成理学自然观。

如前所述，求道求理是中国古代科学家重要的科研动机之一。尤其是在宋元时期，在儒家普遍讲"理"并形成理学自然观的背景下，大多数科学家较多地讲"理"，在北宋尤以沈括《梦溪笔谈》最为突出；②到了南宋及元代，科学家更是在理学的影响下，愈加深入地探讨数理、历理、医理。

宋元时期儒家的求理精神，往往与怀疑精神联系在一起。在这一时期，宋学要突破汉学的樊篱建立自己的义理之学，需要有怀疑精神，因而有了欧阳修的"疑古""疑经"的精神。宋学各学派要标新立异，自立门派，同样也要有怀疑精神。张载说："不知疑者，只是不便实作，既实作则须有疑，必有不行处，是疑也。譬之通身会得一边或理会一节未全，则须有疑，是问是学处也，无则只是未尝思虑来也。"③又说："义理有疑，则濯去旧见以来新意"；"可疑而不疑者不曾学，学则须疑。譬之行道者，将之南山，须问道路之自出，若安坐则何尝有疑。"④朱熹说："读书无疑者，须教有疑；有疑者，却要无疑，到这里方是长进。""学者不可只管守从前所见，须除了，方见新意。"⑤

宋元时期的科学家同样具有怀疑精神，以沈括最为突出。他不盲目地相信与遵从前人的看法，而是用亲身的观察、实验予以验证，并对错误的看法提出了质疑和批评。当然，对于前人的理论见解，他也不是一概否定，否定其错误的，肯定其正确的，体现出科学性，是科学的怀疑精神。对于沈括的科学怀疑精神，中国科学史家竺可桢评论说："括对古人之说，虽加以相当之尊重，

①（宋）沈括：《续笔谈》，胡道静：《梦溪笔谈校正》，上海古籍出版社，1987年，第1062页。
②乐爱国：《宋代的儒学与科学》，中国科学技术出版社，2007年，第59～62页。
③（宋）张载：《经学理窟·气质》，《张载集》，中华书局，1978年，第268页。
④（宋）张载：《经学理窟·学大原下》，《张载集》，中华书局，1978年，第286页。
⑤（宋）黎靖德：《朱子语类》（一）卷十一，中华书局，1986年，第186页。

但并不视为金科玉律。其论历法一条，抛弃一切前人之说，主张以节气定月，完全为阳历，而较现时世界重行之阳历，尤为正确合理。其言曰：'事固有古人所未至而俟后世者，如岁差之类，方出于近世，此固无古今之嫌也……予先验天百刻有余有不足，人已疑其说。又谓十二次斗建，当随岁差迁徙，人愈骇之。今此历论，尤当取怪怒攻骂，然异时必有用予之说者。'括去今已八百余年，冬夏时刻之有余有不足，斗建之随岁差迁徙，与夫阳历之优于阴历，虽早已成定论。而在括当时能独违众议，毅然倡立新说，置怪怒攻骂于不顾，其笃信真理之精神，虽较之于伽利略，亦不多让也。"[①]

应当说，宋元时期儒家所具有的济世精神、博学精神、求理精神和怀疑精神，同样也是这一时期科学家所具有的科学精神，从而体现了儒学与科学的相互联系、相互影响，而这正是宋元时期科技发展至高峰的重要原因之一。因此，中国科技史家们指出："宋代新儒学……追求理性的精神和创新的精神，无疑有推动科学发展的作用。宋元科学高峰期的出现，这是一个因素。"[②]

三、清代科技的衰落与儒学

中国古代科技发展至清中期，开始出现转折。这一时期的科技，虽然在引进和吸收西方科技方面有过一些进展，但总体而言，已经趋于衰落。关于中国科技在清中期的落后，应当从清代的经济基础、政治制度以及科技文化政策等诸多方面寻找原因，同时也应当具体分析清代科技的衰落与清代儒学的关系。

论及清代学术，梁启超曾在《清代学术概论》中指出："'清代思潮'果何物耶？简单言之：则对于宋明理学之一大反动，而以'复古'为其职志者也。"[③]"对于宋明理学之一大反动"，是指儒学的自我批判；"以'复古'为其职志"，则是指清代儒学的主要特征。

如前所述，明清时期有不少儒家学者要求学习西方科技，并且还研究科

---

①竺可桢：《北宋沈括对于地学之贡献与纪述》，《竺可桢文集》，科学出版社，1979年，第69～70页。
②席泽宗：《中国科学技术史·科学思想卷》，科学出版社，2001年，第11页。
③梁启超：《清代学术概论》，中华书局，2011年，第5页。

技，即使到了清中期也出现过一些对科技有所研究的大儒。乾嘉学派"以'复古'为其职志"，致力于整理古代文献典籍，其中也包括了对于古代科技典籍的整理，而且所编修的《四库全书》还收录了一些西方科学著作，表明乾嘉学派对于科技的重视。因此，很难把清代科技的衰落归咎于清代儒学本身。[①]至于清代儒学"对于宋明理学之一大反动"，则是儒学自身的进步，更不可能阻止科技的发展。

杜石然《中国科学技术史稿》指出："乾嘉学者在古典文献的考证方面作出的成绩确实非常出色。有一部分人从事这方面的研究也是需要的。问题在于当时考证学派风靡一时，甚至整个清代的学术也以考证为主。这种倾向使得学术风气流于繁琐，脱离实际，脱离生产，脱离对自然规律的探讨研究，从而对科学技术的发展产生了很不利的影响……我国清代的考证学派尽管对古典科学著作的整理作出了一定贡献，但它是由于封建文化专制政策所造成的，知识分子的注意力被引入对于古籍的整理，对新事物的探索，或缺乏勇气，或不感兴趣，因而花费的心血虽令人赞叹，但却是造成学术文化以至科学与欧洲相比较越来越落后的原因之一。"[②]这段论述看上去似乎把清代科学落后的原因之一归于清代的乾嘉学派，但又认为，是封建文化专制政策造成了"当时考证学派风靡一时，甚至整个清代的学术也以考证为主"，致使学术文化（当然也包括儒学）和科学的落后。

然而，由于种种原因，清代儒学虽然仍具有自我批判的能力，但缺乏新思想的创造动力；他们对于古代科技典籍的整理，实际上并没有转化为对于科技的研究；他们主张学习西方科技，但最终没有能够挽救中国科技的衰落。不可否认，在这一时期的儒学发展中，也有过一定程度的学术繁荣，曾出现过一些著名的学术大家，但终究没有创造出超越前人的新思想，缺乏引领社会发展的思想大师。从这个意义上说，儒学衰落了，儒学对于社会的影响力衰落了。

---

①梁启超所著《中国近三百年学术史》指出："西方科学之勃兴，亦不过近百年间事耳，吾乾嘉诸老未能有人焉于此间分一席，抑何足深病？惟自今以往仍保持此现状，斯乃真可愧真可悲耳。呜呼！此非前辈之责而后者之责也。后起者若能率由前辈治古典学所用之科学精神，而移其方向于人文自然各界，又安见所收获之不如欧美？"（梁启超：《中国近三百年学术史》，东方出版社，1996年，第383页）明确反对把清中期之后的科技衰落归咎于清代的乾嘉学派，反而认为应当弘扬乾嘉学派"治古典学所用之科学精神"研究科学。
②杜石然等：《中国科学技术史稿》（下），科学出版社，1982年，第231页。

所以，在清代科技的衰落与清代儒学之间，可能并不是清代儒学阻止了清代科技的发展，而是清代儒学由于自身的衰落，无法像汉代儒学那样促进古代科技体系的形成，也无法像宋元儒学那样促进科技达到高峰，所以在面对清代科技的衰落时，纵有各种各样的努力，也终究不能阻止科技的衰落。

清代科技为什么会衰落？这固然是需要研究的问题。同样，清代儒学为什么会衰落？这也是一个很值得研究的问题。儒学的衰落与科技的衰落为什么都发生在清代？儒学的衰落与科技的衰落二者之间是否有因果关系？这更是讨论清代科技的衰落与清代儒学的关系需要深入探讨的问题。但有一点是可以肯定的：中国古代科技伴随着儒学一起发生、发展，直至宋元时期一起达到高峰之后，在清中期后伴随着儒学一起衰落下去。当然，这并不排除儒学在中国古代科技发生、发展直至衰落的过程中，对于科技发展具有某些负面的影响。

中国古代科技的发展与儒学的发展具有明显的同步性和关联性。当然，这种同步性和关联性的存在并不意味着古代科技的发展只是依赖于儒学的发展及儒学发展是古代科技发展的唯一动因。科技的发展有经济、政治以及文化等诸多方面的原因。而且，文化本身的发展、儒学的发展也最终取决于社会的经济、政治等方面的因素。即使是从中国传统文化对古代科技的影响看，除儒学外，道家、道教以及佛教都对古代科技的发展起着重要的作用。

魏晋南北朝时期，葛洪的《抱朴子内篇》在阐述炼丹术的基本原理和炼丹方法的同时，涉及了相当丰富的化学知识；他的《肘后备急方》以及陶弘景的《神农本草经集注》在中国医药学的发展中具有重要的地位。佛教对于古代科技的发展也具有重要的作用，不少佛教僧人都曾在古代科技上有所作为。唐僧一行是历史上著名的天文学家；东晋名僧法显的《佛国记》以及唐僧玄奘的《大唐西域记》等都是历史上重要的地理学著作。此外，佛教在建筑学、医药学等领域也对古代科技的发展起过重要的作用。

中国古代科技是在中国传统文化的背景中产生和发展起来的，儒学、佛教、道教三大文化体系都对古代科技的发展产生着影响。但是，儒学作为中国传统文化的主干，其对古代科技的影响应当是首位的，从而成为古代科技发展的主要的文化原因。重要的是，中国古代科技发展与儒学发展的同步性和关联性表明科技与儒学二者具有一荣俱荣、一损俱损，休戚相关的密切关系。

第六章

晚清儒学与『科学

救国』思潮

由于种种原因，清中期之后，中国科技开始衰落。尤其是1840年鸦片战争之后，国力也随之衰败。在这一背景下，许多儒家学者开始寻求"科学救国"之道路。魏源首先提出"师夷长技以制夷"；继而，张之洞提出"中学为体，西学为用"，把儒学与西方科技联系在一起；康有为更是明确提出"科学实为救国之第一事"。重要的是，儒家所倡导的"科学救国"影响很大，并形成了强大的社会思潮，直至民国初年。

一、魏源的"师夷长技以制夷"及其影响

魏源曾从清代经学家刘逢禄学《公羊春秋》，崇尚今文经学，注重经世致用之学，经学著作主要有《诗古微》《书古微》等。清道光二十二年（1842年），他撰写成《海国图志》，系统介绍了当时世界各主要国家的地理、历史、社会以及科技。在《海国图志·原叙》中，魏源阐述了该书的写作目的："是书何以作？曰：为以夷攻夷而作，为以夷款夷而作，为师夷长技以制夷而作。"[1] 显然，"师夷长技以制夷"是该书的主题，主张通过学习西方之"长技"以"制夷"。

在论及"师夷长技"时，魏源指出：

> 今西洋器械，借风力、水力、火力，夺造化，通神明，无非竭耳目心思之力，以前民用。因其所长而用之，即因其所长而制之。[2]

同时，魏源还具体分析了西方军事技术之所长："夷之长技有三：一、战舰，二、火器，三、养兵、练兵之法。"[3] 为此，他建议："置造船厂一，火器局一，行取佛兰西、弥利坚二国各来夷目一二人，分携西洋工匠至粤，司造船械，并延西洋柁师司教行船演炮之法，如钦天监夷官之例，而选闽、粤巧

---

① （清）魏源：《海国图志·原叙》，岳麓书社，1998年，第1页。
② （清）魏源：《海国图志》（上），岳麓书社，1998年，第30～31页。
③ （清）魏源：《海国图志》（上），岳麓书社，1998年，第26页。

匠精兵以习之。工匠习其铸造，精兵习其驾驭、攻击……而尽得西洋之长技为中国之长技"。① 魏源所要学习的"长技"，除了军事技术之外，还包括民用技术。他说："量天尺、千里镜、龙尾车、风锯、水锯、火轮机、火轮舟、自来火、自转碓、千斤秤之属，凡有益民用者，皆可于此造之。"②

洋务运动时期，魏源"师夷长技以制夷"的思想受到广泛的重视，于是兴起了"科学救国"的思潮。当时的思想家、科学家以及洋务派纷纷表达自己的"科学救国"思想，并付诸实践。

早期改良派思想家冯桂芬，为学"无所不通"，经宗汉儒，亦不废宋，著作有《说文解字段注考证》《弧失算术细草图解》《西算新法直解》等。他的《校邠庐抗议》明确提出"以中国之伦常名教为原本，辅以诸国富强之术"③，表达了他的"科学救国"思想，而其重点在于"采西学""制洋器"。他在《校邠庐抗议·采西学议》中说道："孔子作《春秋》，有取于百二十国宝书。伊古儒者，未有不博古而兼通今，综上下纵横以为学者也。"他认为，当时中国在科技方面已大不如人："算学、重学、视学、光学、化学等皆得格物至理，舆地书备列百国山川厄塞、风土物产，多中人所不及。"所以，他要求"采西学"，并且还提出了具体做法："今欲采西学，宜于广东、上海设一翻译公所，选近郡十五岁以下颖悟文童，倍其廪饩，住院肄业，聘西人课以诸国语言文字，又聘内地名师，课以经史等学，兼习算学。"同时还要学习西方的科技。他说："闻西人见用地动新术，与天行密合，是可资以授时……闻西人海港刷沙，其法甚捷，是可资以行水。又如农具、织具，百工所需，多用机轮，用力少而成功多，是可资以治生。其他凡有益于国计民生者皆是，奇技淫巧不与焉。"④ 在《校邠庐抗议·制洋器议》中，冯桂芬建议："重其事，尊其选，特设一科，以待能者。宜于通商各口拨款设船炮局，聘夷人数名，招内地善运思者，从受其法，以授众匠。工成，与夷制无辨者，赏给举人，一体会试；出夷制之上者，赏给进士，一体殿试。"他还说："中华之聪明智巧，必在诸夷之上，往时特不之用耳。上好下甚，风行响应，当有殊尤异敏，出新意

---

① （清）魏源：《海国图志》（上），岳麓书社，1998年，第27页。
② （清）魏源：《海国图志》（上），岳麓书社，1998年，第30页。
③ （清）冯桂芬：《校邠庐抗议》，中州古籍出版社，1998年，第211页。
④ （清）冯桂芬：《校邠庐抗议》，中州古籍出版社，1998年，第209～211页。

于西洋之外者。始则师而法之，继则比而齐之，终则驾而上之，自强之道，实在乎是。"[1]

洋务运动时期的科学家也具有明确的"科学救国"思想。李善兰是当时著名的科学家，他的《则古昔斋算学》含数学著作多种，其中《方圆阐幽》《弧矢启秘》《对数探源》《垛积比类》最为重要。同时，他还翻译了徐光启未译完的《几何原本》以及《代数学》《代数积拾级》《重学》等多部西方科技著作。他曾说过："今欧罗巴各国日益强盛，为中国边患。推原其故，制器精也，推原制器之精，算学明也……异日人人习算，制器日精，以威海外各国，令震慑，奉朝贡。"[2]显然，他翻译西方数学著作，就是希望人人学习数学，以提高制器的水平，强大国家。除了李善兰之外，还有许多科学家都是"科学救国"的实践者。他们有的研究科学，在某些领域取得一定的成就；有的则主要翻译介绍西方科学。据统计，自咸丰三年（1853年）到宣统三年（1911年）的近60年间，共有468部西方科学著作被翻译成中文出版，其中总论及杂著44部、天文气象12部、数学164部、理化98部、博物92部、地理58部。[3]

洋务派曾国藩、左宗棠、李鸿章、奕䜣的"科学救国"思想具有明显的官方色彩。曾国藩曾在咸丰十年（1860年）上奏朝廷说："目前资夷力以助剿、济运，得纾一时之忧。将来师夷智以造炮制船，尤可期永远之利。"[4]后来，他在上《复陈购买外洋船炮折》时还强调"购买外洋船炮，则为今日救时之第一要务"，并且指出："轮船之速，洋炮之远，在英、法则夸其所独有，在中华则震于所罕见。若能陆续购买，据为己物，在中华则见惯而不惊，在英、法亦渐失其所恃……购成之后，访募覃思之士，智巧之匠，始而演习，继而试造，不过一二年，火轮船必为中外官民通行之物，可以剿发逆，可以勤远略。"[5]这就是要通过购买、仿制，最终建立自己的军事工业。曾国藩还非常重视翻译西方的科技著作，他曾指出："翻译一事，系制造之根本。洋人制器

①（清）冯桂芬：《校邠庐抗议》，中州古籍出版社，1998年，第197～200页。
②（清）诸可宝：《畴人传三编》，续修四库全书。
③杜石然等：《中国科学技术史稿》（下），科学出版社，1982年，第250～251页。
④（清）曾国藩：《遵旨复奏借俄助剿发逆并代运南漕折》，《曾国藩全集·奏稿二》，岳麓书社，1987年，第1272页。
⑤（清）曾国藩：《复陈购买外洋船炮折》，《曾国藩全集·奏稿三》，岳麓书社，1989年，第1603页。

出于算学，其中奥妙皆有图说可寻，特以彼此文义扞格不通，故虽日习其器，究不明夫用器与制器之所以然。"①

　　左宗棠也提出要购买西方先进的技术设备。同治五年（1866年），他上奏朝廷请求设厂造船时说："如虑机器购雇之难，则先购机器一具，巨细毕备，觅雇西洋师匠与之俱来。以机器制造机器，积微成巨，化一为百。机器既备，成一船之轮机即成一船，成一船即练一船之兵。比及五年，成船稍多，可以布置沿海各省，遥卫津沽。由此更添机器，触类旁通，凡制造枪炮、炸弹、铸钱、治水有适民生日用者，均可次第为之。"②后来，他还进一步指出："火轮船之制……惟必求其精、求其备，而尽其所长归之中土，相衍于无穷。"③这表明他办造船厂并非唯一目的，"相衍于无穷"，从整体上提高中国的科技水平，才是最终的目的。同时，左宗棠还认为，仅仅依靠引进机器设备、进行学习模仿是不够的，更重要的是要培养掌握科技的人才队伍。他说："夫习造轮船，非为造轮船也，欲尽其制造驾驶之术耳；非徒求一二人能制造驾驶也，欲广其传使中国才艺日进，制造、驾驶辗转授受，传习无穷耳。故必开艺局，选少年颖悟子弟习其语言、文字、诵其书，通其算学，而后西法可衍于中国。"④

　　李鸿章更是推崇西方的先进科技，尤其是兵器。他指出："中国在五大洲中，自古称最强大，今乃为小邦所轻视。练兵、制器、购船诸事，师彼之长，去我之短，及今为之，而已迟矣。若再因循不办，或旋作旋辍，后患殆不忍言。"⑤李鸿章还认为，要学习西方科技，就必须培养外语人才。他在《请设外国语言文字学馆折》中说："彼西人所擅长者，测算之学，格物之理，制器尚象之法，无不专精务实，渐有成书。经译者十才一二，必能尽阅其未译之书，方可探赜索隐，由粗显而入精微。我中华智巧聪明，岂出西人之下！果有精熟西文者转相传习，一切轮船火器等巧技，当可由渐通晓，于中国自强之道似有裨助。"⑥李鸿章还与曾国藩联名上奏派遣留学生，其中说道："臣等查

①中国史学会：《洋务运动》（四），上海人民出版社、上海书店出版社，2000年，第18页。
②中国史学会：《洋务运动》（五），上海人民出版社、上海书店出版社，2000年，第6页。
③中国史学会：《洋务运动》（五），上海人民出版社、上海书店出版社，2000年，第449页。
④中国史学会：《洋务运动》（五），上海人民出版社、上海书店出版社，2000年，第28页。
⑤中国史学会：《洋务运动》（一），上海人民出版社、上海书店出版社，2000年，第54页。
⑥（清）李鸿章：《李文忠公奏稿》卷三《请设外国语言文字学馆折》，续修四库全书。

西人长技在于制器，而其大要皆本于算法。现欲取彼所长，辅我所短，自非选材前往学习未易得其要领。"①

奕䜣作为洋务派首领，非常强调"识时务者，莫不以采西学、制洋器为自强之道"。②然而，他更重视的是天文算学。他说："洋人制造机器、火器等件，以及行船、行军，无一不自天文、算学中来。现在上海、浙江等处讲求轮船各项，若不从根本上用着实功夫，即习学皮毛，仍无裨于实用。"③还说："西人制器之法，无不由度数而生，今中国议欲讲求制造轮船、机器诸法，苟不藉西士为先导，俾讲明机巧之原，制作之本，窃恐师心自用，徒费钱粮，仍无裨于实际。"④于是，他奏请在同文馆中开设天文算学馆。他还从"一物不知，儒者之耻"的角度，陈明学习科技的重要。他说："士子出户，举目见天，顾不解列宿为何物，亦足羞也……或谓制造乃工匠之事，儒者不屑为之；臣等尤有说焉。查《周礼》考工一记，所载皆梓匠轮舆之事，数千百年，黉序奉为经术，其故何也？盖匠人习其事，儒者明其理，理明而用宏焉。今日之学，学其理也，乃儒者格物致知之事。"⑤

通过分析洋务运动时期兴起的"科学救国"的思潮可以看出，这股思潮的兴起既是中国仁人志士对西方列强侵略中国的一种反应，同时也是儒家经世致用之学、格物致知之学的一种延伸。

二、张之洞的"中学为体，西学为用"

张之洞作为洋务派的代表人物之一，他的"科学救国"思想集中体现在他所撰写的以阐述"中学为体，西学为用"为主要内容的《劝学篇》⑥中。《劝学篇》分为内、外两篇，内篇九篇，外篇十五篇；内篇讲"中学"，外

---

① 中国史学会：《洋务运动》（二），上海人民出版社、上海书店出版社，2000年，第160页。
② 中国史学会：《洋务运动》（二），上海人民出版社、上海书店出版社，2000年，第24页。
③ 中国史学会：《洋务运动》（二），上海人民出版社、上海书店出版社，2000年，第22页。
④ 中国史学会：《洋务运动》（二），上海人民出版社、上海书店出版社，2000年，第23～24页。
⑤ 中国史学会：《洋务运动》（二），上海人民出版社、上海书店出版社，2000年，第24～25页。
⑥ （清）张之洞：《劝学篇》，上海书店出版社，2002年。

篇讲"西学"。《劝学篇·序》说:"《内篇》务本,以正人心,《外篇》务通,以开风气。"《劝学篇·会通》又说:"中学为内学,西学为外学,中学治身心,西学应世事。"《劝学篇·设学》则说:"新、旧兼学。四书五经、中国史事、政书、地图为旧学,西政、西艺、西史为新学。旧学为体,新学为用,不使偏废。"

关于《劝学篇》的写作动机,《劝学篇·序》说:"二十四篇之义,括之以五知:一知耻,耻不如日本,耻不如土耳其,耻不如暹罗,耻不如古巴;二知惧,惧为印度,惧为越南、缅甸、朝鲜,惧为埃及,惧为波兰;三知变,不变其习不能变法,不变其法不能变器;四知要,中学考古非要,致用为要,西学亦有别,西艺非要,西政为要;五知本,在海外不忘国,见异俗不忘亲,多智巧不忘圣。"张之洞提出"中体西用",无论是否还有其他目的,但其"科学救国"的思想是十分明显的。

张之洞的"中体西用"的出发点在于保国、保教、保种。他在《劝学篇·同心》中指出:"吾闻欲救今日之世变者,其说有三:一曰保国家,一曰保圣教,一曰保华种。夫三事一贯而已矣。保国、保教、保种,合为一心,是谓同心。保种必先保教,保教必先保国。"保国、保教、保种三者必须从保国做起,所以《劝学篇·同心》进一步指出:"然则舍保国之外,安有所谓保教、保种之术哉?"可见,在张之洞的"中体西用"中,"保国"是第一位的。

如何才能保国?《劝学篇·循序》说:

> 今欲强中国,存中学,则不得不讲西学,然不先以中学固其根柢,端其识趣,则强者为乱首,弱者为人奴,其祸更烈于不通西学者矣。

所以,要保国,先要"以中学固其根柢",当然也"不得不讲西学",这里有先后顺序的问题。《劝学篇·循序》又说:"今日学者,必先通经以明我中国先圣先师立教之旨,考史以识我中国历代之治乱、九州之风土,涉猎子、集以通我中国之学术文章,然后择西学之可以补吾阙者用之,西政之可以起吾疾者取之;斯有其益而无其害……西学必先由中学。"先讲中学,然后讲西学。

《劝学篇》用较多的篇幅讨论西学。《劝学篇·益智》指出:

夫政刑兵食，国势邦交，士之智也；种宜土化，农具粪料，农之智也；机器之用，物化之学，工之智也；访新地，创新货，察人国之好恶，较各国之息耗，商之智也；船械营垒，测绘工程，兵之智也：此教养富强之实政也，非所谓奇技淫巧也。

张之洞认为，西方国家的政治、经济和军事的强大，取决于科技，也就是"智"。因此，他主张"求智"，就是要通过向西方学习来救亡自强，即所谓"自强生于力，力生于智，智生于学""智以救亡，学以益智"。

关于学习西法的依据，张之洞用"西学中源"予以说明。他认为，儒家经典实际上与西方科技是相通的。《劝学篇·会通》说："《中庸》'天下至诚'，'尽物之性'，'赞天地之化育'，是西学格致之义也。《大学》'格致'与西人'格致'绝不相涉，译西书者借其字耳……凡此皆圣经之奥义，而可以通西法之要指。"该篇还引孔子所谓"天子失官，学在四夷"之说，认为西学是"中土之学术政教东渐西被"的结果，所以，向西方学习是有经典可依据的；而且，即使没有经典依据，只要西学"有益于中国，无损于圣教"，也不应当嫌弃。《劝学篇·会通》还指出，"恶西法者"认为学习西法无经典可依据，"不察其是非损益而概屏之"，这是"自塞"；"略知西法者"以为西法"皆中学所已有""不习算学""不讲制造枪炮"，这是"自欺"；"溺于西法者"以为中西无别，这是"自扰"。张之洞认为，这三者都是不对的，因此他提出："中学为内学，西学为外学，中学治身心，西学应世事，不必尽索之于经文，而必无悖于经义。"

至于如何向西方学习，张之洞主张"游学""设学"和"广译"。所谓"游学"，就是出国留学。《劝学篇·游学》认为："出洋一年胜于读西书五年""入外国学堂一年胜于中国学堂三年。"所谓"设学"，就是办学堂，而学堂最重要的是"新、旧兼学"。《劝学篇·设学》要求既学"四书五经、中国史事、政书、地图"等旧学，也要学"西政、西艺、西史"等新学，"旧学为体，新学为用，不使偏废"。同时，还要"政、艺兼学"，既学"学校地理、度支赋税、武备律例、劝工通商"的西政，也要学"算绘矿医、声光化电"的西艺。所谓"广译"，就是广译西书。《劝学篇·广译》说："知外不知中，谓之失心；知中不知外，谓之聋瞽。夫不通西语、不识西文、不译西书，人胜我而不信，人谋我而不闻，人规我而不纳，人吞我而不知，人残我而不见，非聋瞽而何哉？"所以主张"多译西国有用之书，以教不习西文之人"。

张之洞的"科学救国"思想实际上是洋务运动时期"科学救国"思潮的典型代表。他看到了中国与西方国家之间的差距以及当时中国的落后，看到了科学对于国家富强的重要作用以及中国科技的衰落，并希望通过学习西方科学来增强国力、拯救国家民族于危亡之中。

三、康有为的"科学实为救国之第一事"

康有为是晚清重要的儒家学者，有《新学伪经考》《孔子改制考》《大同书》等著作问世。而且，他非常重视科学技术，强调科学技术对于国家存亡以及社会发展所具有的重要性。早在1895年，康有为在《上清帝第二书》中就提出"才智之民多则国强，才智之士少则国弱"，因此建议"改武科为艺科，令各省、州、县遍开艺学书院。凡天文、地矿、医律、光重、化电、机器、武备、驾驶，分立学堂，而测量、图绘、语言、文字皆学之"，[①]希望通过学习科学技术提高人的才智，以达到国家富强的目的。

1898年初，康有为编著《日本书目志》，该书"自序"指出：

> 泰西之强，不在军兵炮械之末，而在其士人之学、新法之书。凡一名一器，莫不有学：理则心伦、生物，气则化、光、电、重，蒙则农、工、商、矿，皆以专门之士为之，此其所以开辟地球，横绝宇内也。而吾数百万之吏士，问以大地、道里、国土、人民、物产，茫茫如堕烟雾，瞠目结舌不能语，况生物、心伦、哲、化、光、电、重、农、工、商、矿之有专学新书哉！其未开径路固也。故欲开矿而无矿学、无矿书，欲种植而无植物学、无植物书，欲牧畜而无牧学、无牧书，欲制造而无工学、无工书，欲振商业而无商学、无商书，仍用旧法而已。[②]

---

① （清）康有为：《上清帝第二书》，《康有为全集》（二），中国人民大学出版社，2007年，第42页。
② （清）康有为：《日本书目志·自序》，《康有为全集》（三），中国人民大学出版社，2007年，第263～264页。

康有为认为，西方国家之强大，在于有科学技术以及科学著作，而中国之落后，则在于缺乏科学技术以及科学著作。所以，他还说：

> 夫中国今日不变法日新不可，稍变而不尽变不可，尽变而不兴农、工、商、矿之学不可，欲开农、工、商、矿之学，非令士人通物理不可。①

这里把发展科学技术摆到了与变法同样重要的位置上。为此，康有为明确提出："今日欲自强，惟有译书而已。"这里的"译书"，当然包括翻译西方的科学著作。

需要指出的是，康有为所编《日本书目志》卷二"理学门"，列举了《科学入门》《科学之原理》等书目，②最早使用了"科学"一词。稍后，康有为《请废八股试帖楷法试士改用策论折》要求"内讲中国文学，以研经义、国闻、掌故、名物，则为有用之才；外求各国科学，以研工艺、物理、政教、法律，则为通方之学"，③再次提到"科学"一词。从而实现了从《大学》"格物致知"，经朱熹"即物穷理"，到明代徐光启"格物穷理之学"，向"科学"概念的过渡。

戊戌变法失败后，康有为流亡海外，目睹了科学技术对于国家存亡、强弱所具有的重要作用，于1904年写出了《物质救国论》，明确提出"科学救国"。

康有为非常强调"物质"。他说："方今竞新之世，有物质学者生，无物质学者死。"④他还认为，当时中国缺的就是"物质"之学。他说："以中国之地位，为救急之方药，则中国之病弱非有他也，在不知讲物质之学而已。"⑤他还进一步指出：

> 夫工艺、兵炮者，物质也，即其政律之周备，及科学中之化、光、电、重、天文、地理、算数、动植生物，亦不出于力数、形气之物质。然则吾国人之所以逊于欧人者，但在物质而已。物质者，

---

① （清）康有为：《日本书目志·自序》，《康有为全集》（三），中国人民大学出版社，2007年，第263～264页。
② （清）康有为：《日本书目志》，《康有为全集》（三），中国人民大学出版社，2007年，第279页。
③ （清）康有为：《请废八股试帖楷法试士改用策论折》，《康有为全集》（四），中国人民大学出版社，2007年，第79～80页。
④⑤（清）康有为：《物质救国论》，《康有为全集》（八），中国人民大学出版社，2007年，第63页。

至粗之形而下者也，吾国人能讲形而上者，而缺于形而下者，然则今而欲救国乎？专从事于物质足矣。①

显然，康有为所谓"物质"，主要是指科学技术。他认为，当时中国之落后于欧洲国家，就在于科学技术的落后，所以，拯救病弱之中国，最为重要的在于发展科学技术。他还说：

以吾遍游欧美十余国，深观细察，校量中西之得失，以为救国至急之方者，则惟在物质一事而已。物质之方体无穷，以吾考之，则吾所取为救国之急药，惟有工艺、汽电、炮舰与兵而已，惟有工艺、汽电、炮舰与兵而已！②

正是通过中西之得失的比较，康有为把科学技术看作是"救国之急药"，并且明确提出："科学实为救国之第一事。"③为此，他还提出了在中国大开物质学的八项办法："一曰实业学校。二曰小学增机器、制木二科。三曰博物院。四曰型图馆。五曰制造厂。六曰分业职工学校。七曰赛会。八者交举而并行，互摩而致精，乃可为也。"④

康有为的"科学救国"思想是非常鲜明的。但是，他在强调科学救国的同时，对于道德教化的主导地位却有所贬低。他明确提出"欧洲中国之强弱不在道德哲学"，并且还说："若舍工艺、兵炮，而空谈民主、革命、平等、自由，则使举国人皆卢骚、福禄特尔、孟德斯鸠，而强敌要挟，一语不遂，铁舰压境，陆军并进，挟其一分时六百响之炮，何以御之？"⑤在康有为看来，国难当头之时，科学救国要比追求民主革命、平等自由更为重要。

应当说，1840年鸦片战争之后持续了半个多世纪的"科学救国"思潮，是由儒家学者发起并不断推动的。从魏源基于儒家"经世致用"而提出的"师夷长技以制夷"，到张之洞提出"中学为体，西学为用"，以及康有为提出"科学实为救国之第一事"，反映了儒家学者面对中国科技衰落、国力衰败所做出的选择。尽管这一"科学救国"思潮最终并没有能够挽回科技的衰落和国

①⑤（清）康有为：《物质救国论》，《康有为全集》（八），中国人民大学出版社，2007年，第67页。
②（清）康有为：《物质救国论》，《康有为全集》（八），中国人民大学出版社，2007年，第71页。
③（清）康有为：《物质救国论》，《康有为全集》（八），中国人民大学出版社，2007年，第95页。
④（清）康有为：《物质救国论》，《康有为全集》（八），中国人民大学出版社，2007年，第94～95页。

力的衰败，但它促进了学习西方科技的进程，实现了从儒家"格物致知"，向"科学"概念的过渡，为实现中国科技的复兴奠定了基础，对于中国科技的发展具有重要的意义。从学理上讲，后来的"科学救国"以及今日与之相类似的思想，不过是晚清儒家学者所发起的"科学救国"思潮的进一步延续和发展。

第七章

儒学对中国古代科技
发展的双重作用

中国古代科技体系奠基于春秋战国时期，而形成于儒学开始作为中国传统文化主干的汉代。在后来的长期发展中，无论是在宋元时期发展至高峰，还是清代中期以后明显落后于西方，古代科技一直受到儒学的重要影响。正是在这一影响下，中国古代科技形成了自己的发展特点：就正面而言，中国古代科技得到了迅速的发展，具有很高的成长性，而且有着明显的务实性；就负面而言，中国古代科技一直在儒学的统摄之下，缺乏独立性，而且理论性较为薄弱。所以，从全面的观点看，儒学对于古代科技的作用，既有积极的，也有消极的，而且，积极作用与消极作用交织在一起。尤为重要的是，在中国古代，儒学实际上已经渗透到科技内部，科技已经成为儒学化的科技，而其中既有其优势，也有其缺陷，充分体现儒学对于科技发展作用的双重性。

一、儒学与科技的成长性、独立性

中国古代科技形成、发展于以儒学为主干的中国传统文化背景中，并在这一文化背景中发展至高峰。就这一点而言，儒学对于古代科技的成长在很大程度上是起了积极作用的。与此同时，在这样的文化背景中成长起来的古代科技，在整体上始终处于儒学的统摄之下，而没有完全与文化脱离开来，缺乏独立性。

（一）儒学对科技成长性的促进作用

儒学不是科学技术，但是，儒学追求"天人合一"之道，因而重视天地之道，这就要求研究天地自然，尤其是要求从形上学的角度研究天地自然。于是，就形成了儒家的自然观。在儒学体系中，自然观虽然与人道观融合在一起，但其所包含的阴阳五行自然观、易学自然观以及宋之后的气学自然观和理学自然观对科技的发展产生了重要影响，并成为科技的思想基础，促进了古代科技的发展。作为知识体系，儒学不是自然知识或科技知识体系，但是，儒学讲"博学于文"，讲"耻一物之不知"，因而也包括了对于学习、研究自然知识、科技知识的要求。历代儒家对于自然知识、科技知识的学习、研究以及吸取和传播，对于古代科技的发展无疑起了积极的作用。儒学是讲求致用的学问。虽然儒学所讲的致用主要落实于道德、政治，但是，为了真正实现儒家以民为本的政治构架，儒学也追求与实用相关的科学技术，并促进实用科技的发展。尤其在清中期后因科技落后而导致国力衰败的背景下，不少儒家学者倡导"科学救国"，实际上促进了中国科技的近代化。

儒家经典不是专门的科技经典，但是，儒家经典中包含了丰富的自然知识、科技知识，甚至也包含像《尧典》《禹贡》《月令》《考工记》这样的科技著作。儒家经典中所包含的自然知识、科技知识不仅是中国古代科技的重要组成部分，而且在历代儒家的诠释中，得到丰富和发展。因此，儒家经学的发展，实际上也促进了古代科技的发展。宋代朱熹以《大学》《中庸》《论语》《孟子》"四书"为儒家经典，虽然其中的科技内涵有所减少，但是，仍存在着发挥和引申出科技知识的空间。如前所述，朱熹在诠释《论语》"为政以德，譬如北辰"中的"北辰"时，认为"北辰"并不是指北极星，而是指天球北极。北极星位于其附近，并且有微微的转动。显然，朱熹的诠释包含了他对于古代天文学有关天球北极研究成果的汲取，以及他运用浑仪对于天球北极的观测。儒家经典中包含着自然知识、科技知识，不仅促进了儒家学者对于科技的研究，而且还使自然知识、科技知识得到广泛的传播，甚至成为古代科学家的重要知识来源和科技研究的知识基础。

儒家学者不是专门的科学家，但是，他们重视自然知识、科技知识，或是从形上学的角度，或是从知识学的角度，或是从实用的角度，研究天地自然，学习和传播自然知识、科技知识，因而有不少在科技方面颇有造诣，甚至成为重要的科学家。明清之际，西方科技传入中国，不少儒家学者以及科学家以积极的态度，学习和研究西方科技：徐光启把西方科技纳入理学的"格物致知"的框架；方以智主张学习西方科技，并提出要"借远西为郯子，申禹、周之矩积"，[①]形成"西学中源"思想；王锡阐主张"兼采中西，去其疵类"；[②]李

---

① （明）方以智：《物理小识·总论》，文渊阁四库全书。
② （明）王锡阐：《晓庵新法·序》，文渊阁四库全书。

光地反对把西方科技视作"奇技淫巧";以著录儒家经典以及儒家学者的著作为主的《四库全书》也收入了西方科学著作;阮元讲"融会中西,归于一是";[1] 魏源提出"师夷长技以制夷";晚清张之洞提出"中学为体,西学为用"。这在很大程度上促进了西方科技的传入。

与此同时,通过对中国古代科学家的研究可以明显看出,古代科学家也不是专门的职业科学家。从他们的学术兴趣和倾向看,他们首先是一般的文化学者,并且有不少是以儒学为生命依归的儒家学者。当然,作为科学家,他们对于科技有较大的兴趣并进行了深入的研究,或取得了重要的科技成就。由此可见,在中国古代科技史上,许多科学家实际上是在儒学的滋养中成长起来的学者。

从今天的学科分类看,儒学与科学技术有着很大的差别,但在中国古代,科技形成、发展于以儒学为主干的中国传统文化背景中,并且在很大程度上可以说是从儒学中生长起来的,因而与儒学有着非常密切的联系。所以,当我们考察中国古代科技得以迅速成长的文化原因时,不能不考虑儒学对于古代科技发展的促进作用。

(二)儒学与科技独立性的缺失

儒家重视科技,但是,这种重视是以儒学对于科技的统摄为前提的。孔子重视包括古代科技在内的"六艺",讲"游于艺"。但是,《论语》引孔子的弟子子夏曰:"虽小道,必有可观者焉;致远恐泥,是以君子不为也。"(《论语·子张》)这里的"小道",是指"农圃、医卜之属"。在子夏看来,"农圃、医卜之属"虽是"小道",但"必有可观者",表明对于科技的重视,然而又反对走得太远。南北朝时期颜之推的《颜氏家训·杂艺》说:"算术亦是六艺要事,自古儒士论天道、定律历者,皆学通之。然可以兼明,不可以专业。"以为数学是"六艺要事",应当兼明,也表明对于科技的重视,但又认为"不可以专业",不可以脱离儒学"大道"。如前所述,北宋欧阳修讲"草木虫鱼,《诗》家自为一学,博物尤难,然非学者本务",认为草木虫鱼"自为一学",显然不排斥对于自然的研究,但又认为博物"非学者本

---

[1](清)阮元:《畴人传·凡例》,商务印书馆,1935年,第4页。

务"。朱熹重视科技，他曾在比较"志于道，据于德，依于仁，游于艺"四者的轻重时说："'游于艺'一句，比上三句稍轻，然不可大段轻说。如上蔡（谢良佐）云'有之不害为小人，无之不害为君子'，则是太轻了。古人于礼、乐、射、御、书、数等事，皆至理之所寓。游乎此，则心无所放，而日用之间本末具举，而内外交相养矣。"[1] 可见，在儒家中，既有如朱熹认为"游于艺"不可轻视，也有如二程门人谢良佐以为"游于艺"一事可有可无。朱熹又指出："历象之学，自是一家，若欲穷理，亦不可以不讲。然亦须大者先立，然后及之，则亦不至难晓而无不通矣。"[2] 还说："小道不是异端，小道亦是道理，只是小。如农圃、医卜、百工之类，却有道理在，只一向上面求道理，便不通了。"[3] 在朱熹看来，历象之学，不可以不讲；农圃、医卜、百工之类"有道理在"，显然是对科技的重视，但是又认为，科技只是"小道"，必须从属于儒学"大道"。

儒学把科技纳入其中，反映出对于科技的重视。但是，儒家在把科技统一于儒学之中时，又往往用"大道"与"小道"来表明儒学与科技的主次地位关系，甚至用目的与手段（或工具）的关系来看待儒学与科技的关系，把科技看作实现儒家求道之目的的工具之一，混淆了科技作为具体学科与儒学的差异，混淆了科技与作为主流意识形态的儒学的差异，看不到二者的不可比性，实际上抹煞了科技的独立性。在中国古代，科技处于发展的初期，形成、发展于文化之中并且与文化尤其是与儒学有着密切的联系，因而缺乏独立性，这是不可避免的。但是，历代儒家不断地把科技纳入儒学的体系之中，在重视科技的同时，特别强调儒学对于科技的统摄作用，强调科技对于儒学的从属关系和科技的工具性，这实际上强化了科技对于儒学的依附性，并从文化上导致了科技独立性的缺失。

正因为如此，中国古代科技虽然在儒学的影响下能够得到很好的发展，但由于始终处于儒学的统摄之下，而没有能够获得真正的独立。所以，古代科学家的科研动机要受到儒学价值理念的影响；他们的科技研究必须从儒家经典中寻找依据，必须精通儒家经典，必须懂得阴阳五行、易数易理；他们的科技

① （宋）黎靖德：《朱子语类》（三）卷三十四，中华书局，1986年，第866页。
② （宋）朱熹：《晦庵先生朱文公文集》卷六十《答曾无疑》（五），四部丛刊初编。
③ （宋）黎靖德：《朱子语类》（四）卷四十九，中华书局，1986年，第1200页。

著作以及科学思想必须以儒学为基础，用儒学理论加以诠释；甚至他们的科学活动也往往需要有儒家学者参与或主持。

应当指出的是，在中国传统文化的语境中，强调儒学对于科技的统摄作用，并不意味着对于科技的轻视，相反，它不仅表明了儒学对于科技的重视，而且实际在一定程度上促进了科技的发展。然而，这样的重视和促进是非常有限的，甚至只是停留于对科技作为一种工具的重视，这不仅在客观上导致了科技独立性的缺失，而且很可能对科技的进一步发展造成负面的影响。因此，在儒家那里，重视科技而促进科技的成长与强调儒学的统摄作用而导致科技独立性的缺失，这两个方面是交织在一起的。

明清时期，一些儒家学者以及科学家主张学习和研究西方科技，这对于中国古代科技的发展无疑具有重要的促进作用。然而，儒家学者对于西方科技的学习和研究，其目的在于把西方科技纳入儒学的统摄之下，在于把科技理解为手段和工具，在这种状况下，科技实际上仍没有获得真正的独立。

二、儒学与科技的务实性、理论性

中国古代科技讲求实用，在实用科技方面发展迅速，具有明显的务实性特征。这一特征的形成固然有诸多原因，然而，与儒学的务实精神密切相关。应当说，儒学的务实精神促进了中国古代实用科技的发展。与此同时，在以儒学为主干的中国传统文化背景中，儒学的务实精神又往往容易导致科技在理论方面的不足，造成中国古代科技理论性的薄弱。

（一）儒学对科技务实性的促进作用

儒学具有很强的务实精神。孔子虽然曾反对樊迟学稼而主张首先要学好道德，但是又非常重视农业生产在整个社会中的基础地位，主张对百姓以先"富之"而后"教之"。孟子则要"制民之产"，要求百姓从事农业生产。因此，发展物质生产，让百姓富裕，一开始就是儒学致用特质的重要内容。宋代儒家具有普遍的济世精神。他们以天下为己任，从北宋范仲淹的"先天下之忧而忧，后天下之乐而乐"，张载的"为天地立心，为生民立命，为往圣继绝学，为万世开太平"，到南宋朱熹强调《大学》所谓"格物、致知、诚意、正心、修身、齐家、治国、平天下"，把修身与"治国平天下"联系在一起，无不体现出宋儒的济世精神。明清时期的儒家强调经世致用之学，更是充分发挥了儒学的致用特质和务实精神。

在中国古代，由于科技在文化上处于儒学的统摄之下而缺乏独立性，科学家的科研活动必然要受到来自儒学的诸多方面的影响。因此，儒学的务实精神也必然要对古代科技产生影响。正是在儒学务实精神的影响下，古代科技形成了明显的务实性特征，主要表现为三个方面：

第一，古代科学家从事科技研究的目的往往在于实用。如上所述，古代科学家从事科技研究的重要动机大致有三，即出于国计民生的需要，出于"仁""孝"之德，出于求道求理的目的。其中出于国计民生的需要，显然就是追求实用；而出于"仁""孝"之德，通过解决百姓的实际问题以体现儒家的"仁""孝"之德，实际上也是要追求实用。

第二，古代科技主要在实用科技方面得到迅速的发展。在中国古代科技体系中，以解决实际问题为主的天文历法、数学、医学和农学以及与之相关的实用科技发展较快，这是古代科技务实性特征的充分体现。

第三，古代科技著作的内容主要是实用科技知识。古代科技著作大都以解决实际问题为主要内容，并且主要叙述研究的结果，只告知如何做，省略了阐述为什么是这种结果、为什么要这样做所必需的深奥而复杂的原理、定理、定律以及证明过程、推理过程和计算过程，因而往往成为实用科技知识的汇集。

在中国古代科技的发展中，虽然也曾有过一些科学家对纯科学的问题进行过研究，但是，大多数科学家都以追求实用为目的，以实用科技作为研究方向，以实用科技知识作为科技著作的主要内容，从而形成了明显的务实性特征。这种特征的形成，虽然可能有种种原因，可以从多方面加以研究，但不可否认，与儒学的务实精神有着密切的关系。

需要指出的是，在儒学务实精神影响下所形成的科技的务实性特征，对于古代科技的发展是具有积极意义的。它不仅通过促进实用科技的发展，推动了整个科技的进步，而且还通过实用科技对于社会进步的推动作用，体现科技的社会价值。在明清儒家经世致用思想影响下，科技的务实性特征更为明显，甚至不少儒家学者乃至科学家都从实用的角度来理解西方科技，从魏源的"师夷长技以制夷"，到张之洞的"中学为体，西学为用"，直至康有为的"科学实为救国之第一事"，但无论如何，都有力地促进了西方科技的传入。

（二）儒学与科技理论性的薄弱

尽管在儒学务实精神影响下所形成的科技的务实性特征对于中国古代科技的发展具有积极的意义，但是，科技不仅仅在于实用，科技理论的分析和建构往往在科技发展中起到关键性的作用。遗憾的是，中国古代科技虽具有明显的务实性特征，但理论性却相对薄弱；虽在事实的描述和叙述方面较有优势，但在理论的分析和建构方面则较为薄弱。

事实上，古代科学家的科技研究也不是仅仅停留于实用层面上，以恐背上"玩物丧志"之名。李冶在《测圆海镜·序》中说："明道先生（程颢）以上蔡谢君（谢良佐）记诵为玩物丧志。夫文史尚矣，犹之为不足贵，况九九贱技能乎。"[①]在以儒学为主干的中国传统文化背景中，科学家除了研究实用科技，还试图把这样的研究与儒家的形而上之道联系起来，甚至有些科学家的科技研究主要是出于求道求理的目的。宋代之后，不少科技研究还与理学家的"理"联系起来，希望通过实用科技的研究而"进之于道"，把握普遍的"理"。但是，古代科学家在求道求理的过程中，由于受到儒学的影响，尤其是在科技独立性缺失的情况下，往往热衷于运用某些现成的、普遍适用的儒家理论以及诸如"阴阳""五行""八卦""理""气""数"之类的形上学概念，经过思维的加工和变换，对自然现象加以抽象的、思辨的解释。这样的研究尽管能够为科技提供普遍的形上学基础，但对于具体的科技理论的建构却起不到积极的作用。正因为如此，古代科技实际上是大量实用科技知识加上思辨的形上学理论所共同构成的体系，而缺乏从实用科技知识中通过逻辑方法抽象出来并作为其基础的科技理论。

科技发展有一个由浅入深的过程，在科技发展的初期，科技理论较为薄弱，这是理所当然的。但是，在中国古代科技的发展中，科技理论性的薄弱与儒学的影响有着一定的关系。首先，在儒学务实精神影响下，古代科学家较多

---

① （元）李冶：《测圆海镜·序》，白尚恕：《测圆海镜今译》，山东教育出版社，1985年，第1页。

地追求科技的实用价值，而对于科技理论的兴趣相对较弱。其次，由于古代科技在文化上处于儒学的统摄之下而缺乏独立性，古代科学家热衷于并且不得不运用儒学理论建构科技的形上学基础，从而造成科技理论的薄弱。再次，在儒学统摄之下而缺乏独立性的古代科技，甚至不可能出现有别于儒学理论的独立的科技理论。

宋代科学家讲"理"，既有科技发展由浅入深的需要，也受到宋代理学的影响。沈括讲自然事物之理，要求"原其理"，这里的"理"已具有具体事物之理的内涵。这种追求具体事物之理的旨趣，表明当时科技具备了提升科技理论性的动力。朱熹明确提出草木昆虫之理，名物度数之理，农圃、医卜、百工之理，并且还指出："如麻、麦、稻、粱，甚时种，甚时收，地之肥，地之饶，厚薄不同，此宜植某物，亦皆有理。"[①] 这种对具体自然事物之理的认识，对于提升科技的理论性，无疑具有积极作用。但是，就总体而言，在宋代以及后来，无论是科学家或是理学家，实际上都没有能够找到如何探索具体自然事物之理的途径和方法，更不可能对自然事物之理做出更为深入的探索和论述。即使是朱熹的"格物致知"，实际上也只是理学家体认"天理"的一种笼统的方法，尽管这样的方法在一定程度上被后世一些科学家当作科技研究的方法，并对科技发展产生重要影响。

随着儒学主题的转向，尤其是明清儒家讲求经世致用，科学家对于自然之理的兴趣也相应减弱，而更多地从实用的层面研究科技。明清科技以实用科技最为突出，同时，学习和研究西方科技也以实用科技为主。虽然这也能够促使科技得到了一定程度的发展，但在科技理论方面却没有更多的建树。

三、儒学化的科技及其优势与缺陷

科技的形成和发展总是处于一定的文化背景之中，与文化有着非常密切的关系，并受到文化的影响。同时，科技与文化又有着明显的区别，二者不可混为一谈。然而，在中国古代，儒学不仅仅是作为科技发展的一种文化背景而

---

① （宋）黎靖德：《朱子语类》（二）卷十八，中华书局，1986年，第420页。

外在地作用于科技的发展，而且实际上已经渗透到科技理论内部，成为科技的不可分割的组成要素。当中国古代科学家把儒学的价值理念而不是把科学本身看作科技研究的最高追求、把儒学的形上学概念而不是科学自身所必需的基本概念当作科学理论的基础、把科技研究等同于儒学的求道求理的过程并用儒学的"道""理"统摄科技而忽略了科技与文化的差别时，儒学已经成为科技的重要的内在构成因素和根本基础，并决定着科技发展的方式和特征，科技成了儒学化的科技。

"儒学化的科技"这一概念，不仅是对中国传统文化背景下儒学与科技相互关系的一种表述，而且还有助于解决当今中国科技史研究所提出的一些重要问题：

其一，关于中国古代有没有科学的问题。这一争论至少可以追溯到20世纪初。1915年，在由留学美国的中国学生任鸿隽等人所主办的《科学》杂志的创刊号上，任鸿隽发表了《说中国无科学之原因》一文，明确指出中国自古以来就没有科学。1922年，冯友兰发表的《为什么中国没有科学——对中国哲学的历史及其后果的一种解释》，从中国哲学的角度阐发了中国古代无科学的观点。与此相反，李约瑟于1944年所作"中国之科学与文化"的讲演中，批驳了"中国自来无科学"的论点，并且指出："古代之中国哲学颇合科学之理解，而后世继续发扬之技术上发明与创获，亦予举世文化以深切有力之影响。问题之症结乃为现代实验科学与科学之理论体系，何以发生于西方而不于中国也。"[①]提出"儒学化的科技"这一概念，既不否定中国古代在整体上缺乏独立发展的以实验为基础的科学，又肯定了中国古代有着具备自己特色的儒学化的科学。

其二，关于"李约瑟问题"。李约瑟在1954年出版的《中国科学技术史》第一卷《总论》中指出：中国古代科技"远远超过同时代的欧洲，特别是在十五世纪之前更是如此"，但是，中国文明却没有能够产生出诞生于欧洲的现代科学。[②]在1964年发表的《东西方的科学与社会》一文中，李约瑟又明确提出了阐述中国科学时存在的两个问题：其一，"现代科学（如我们所知自17

---

① （英）李约瑟：《中国之科学与文化》，《科学》，1945年1期。
② （英）李约瑟：《中国科学技术史》第一卷《总论》，科学出版社，1975年，第3页。

世纪伽利略时代起）为什么不在中国文明（或印度文明）中间产生，而只在欧洲发达起来"；其二，"为什么在第一至第十五世纪，中国文明在把自然知识应用于人类实践需要方面，要比西方高明得多"。[①] 这就是所谓的"李约瑟问题"。这个问题实际上是要回答中国社会，包括中国传统文化，对于古代科技发展的优势和对于近代自然科学发展所存在的不足。提出"儒学化的科技"这一概念，既肯定了儒学对于古代科技发展所具有的积极作用，又不否定儒学在促进科技发展的同时所具有的某些缺陷。

儒学以求道、为学、致用为基本特质。儒学重视为学乃至重视科技的博学精神，以及讲求致用的务实精神无疑促进了古代科技的发展，对于古代科技具有积极的作用。在这样的背景下所形成的儒学化的科技具有许多优势。首先，儒学化的科技吸取儒学的务实精神而具有的务实性，可以通过发展实用科技而推动整个科技的进步，这可能也是"李约瑟问题"所谓"在第一至第十五世纪，中国文明在把自然知识应用于人类实践需要方面，要比西方高明得多"的一个文化原因。其次，儒学化的科技吸取儒学的形上学概念以作为科学理论的基础，不仅可以为科技提供形上学的依据，而且可以在一定程度上为科技发展提供所需的理论完备性，使科技不只是停留于技术层面。再次，儒学化的科技把科技研究等同于儒学的求道求理的过程，实际上提升了科技在精神文化层面的价值。儒学化的科技所具有的诸如此类的优势无疑是中国古代科技得以持续高度发展的文化原因之一。

当然，儒学化的科技既具有自身的优势，也存在着自身难以克服的缺陷。首先，儒学化的科技过多地体现出儒学对于科技的统摄以及科技对于儒学的依附性，势必造成科技独立性的缺失。其次，儒学化的科技过度强调发展实用科技，并以儒学的形上学概念作为科学理论的基础，实际上造成了科技理论的薄弱。再次，儒学化的科技强调科技与儒学的一致性，忽略了科技与文化的差别，不利于科技从文化中独立出来。儒学化的科技所具有的诸如此类的缺陷，虽然并不影响中国古代科技持续高度的发展，但很有可能是"李约瑟问题"所谓"现代科学为什么不在中国文明中间产生"的文化原因之一。

---

① （英）李约瑟：《东西方的科学与社会》，（英）M.戈德史密斯等主编：《科学的科学——技术时代的社会》，科学出版社，1985年，第148页。

儒学化的科技是中国传统文化背景下儒学与科技相互作用而造成的，反映了儒学对于科技的重要影响。儒学化的科技所具有的优势，实际上就是儒学对于科技发展所产生的积极作用的一面；而儒学化的科技所具有的缺陷，则是儒学对于科技发展的消极作用的一面。所以，儒学化的科技所具有的优势和缺陷，即是儒学对于科技发展双重作用的体现。

四、结语

在中国传统文化中，尤其是自汉代儒学成为中国传统文化主干、古代科技体系形成以来，科技与儒学就一直处于互相联系、互相作用的关系之中。一方面，儒学具有科技的内涵，儒学重视科技；另一方面，科技发展于以儒学为主干的中国传统文化背景中，受到儒学的诸多方面的影响，甚至具有了儒学化的特征。正是在科技与儒学的互动中，儒学既促进了古代科技的高度发展，培育出古代科技的务实性，体现出对于科技发展的积极作用，同时又在文化上将古代科技纳入儒学的统摄之下，造成了科技独立性的缺失。所以，在今天科技已成为独立学科门类的背景下去观察中国古代，就可能看不到其中存在着的科技，以为中国古代没有科学，并有可能把中国没有产生出近代科技的原因归咎于儒学；同时，古代科技的务实性以及理论性的薄弱，又有可能引起所谓中国古代只有技术而没有科学的说法。在儒学背景下，科技独立性的缺失以及理论性的薄弱，确实对科技的进一步发展造成负面的作用，暴露出儒学在促进古代科技发展的同时所具有的某些缺陷与不足。但是又不可否认，儒学的这些负面作用，恰恰又与儒学重视科技交织在一起。

中国科技的近代化是在向西方学习的过程中实现的。在这一过程中，具有科技内涵的儒学，因其重视科技而发挥了积极的作用。同时，在西方科技的影响下，中国科技开始逐渐从儒学的统摄之下独立出来，逐渐建立起独立的知识体系和理论体系。当然，这种独立也造成了科技与儒学的分离，甚至被看作相互对立。但无论如何，科技的独立对于其自身发展而言无疑是至关重要的。因此，在与科技的互动中，儒学只有既重视科技又不统摄科技，让科技从儒学的统摄之下完全独立出来；既从积极的方面推进科技的发展，又尊重科技独立发展的自身要求和规律，才能真正起到促进科技发展的作用。

在中国古代社会漫长的发展进程中，儒学以及在以儒学为主干的中国传统文化背景下得以发展的科技，创造了绵延不断的文明，体现了儒学与科技的密切关系以及儒学对于科技发展的重要影响和作用，其中既有丰富的经验，也有深刻的教训，这对于当今中国走向新的文明，无疑具有重要的参照价值。

北宋儒学背景下沈括的科学研究

北宋著名科学家沈括被称为"中国整部科学史中最卓越的人物"①，"中国科学与工程史上最多才多艺的人物之一"②；他的《梦溪笔谈》在科学的诸多领域均有建树，在中国科学史上具有重要地位，被称为"中国科学史的里程碑"③。同时，沈括也是一位儒家学者，撰写过不少儒学著作。尤其是，他生活的时代是北宋儒学兴盛的时期，他的科学研究正是在这样的背景下展开的，并在很大程度上受到儒学的影响。

一、作为儒家学者的沈括

长期以来，沈括一直是作为科学家的角色而为学术界所论述，虽然学者们并不否认沈括也是一位儒家学者，但是这方面的论述，几乎难得一见。④《宋史》没有将沈括列入"道学"或"儒林"，《宋元学案》也没有列入沈括。将沈括认作儒家学者的重要理由之一，是他撰写过不少注释儒家经典的著作。据《宋史·艺文志》记载，沈括的著作中有"经类"：《易解》《丧服后传》《乐论》《乐器图》《三乐谱》《乐律》《春秋机括》《左氏记传》等8种；另有"子类"：《孟子解》⑤。遗憾的是，这些儒学著作多已散佚，仅有《孟子解》流传至今。

---

*本文原为中国科学院自然科学史所孙小淳主持的中国科学院"百人计划"课题"国家与科学：宋代的科学与社会"之子课题——"宋学与科学"系列成果之一，初发表于《浙江师范大学学报》2007年第6期，现略作修改。

① （英）李约瑟：《中国科学技术史》第一卷《总论》，科学出版社，1975年，第289页。
② （美）席文：《为什么中国没有发生科学革命？——或者它真的没有发生吗？》，《科学与哲学》1984年第1辑。
③ （英）李约瑟：《中国科学技术史》第一卷《总论》，科学出版社，1975年，第290页。
④ 韩钟文所著《中国儒学史·宋元卷》第六章"儒学向史学、文学、科技等领域的转进"中有"儒家理性主义与沈括的《梦溪笔谈》"一节（韩钟文：《中国儒学史·宋元卷》，广东教育出版社，1998年，第272页）；潘富恩、徐洪兴所著《中国理学》（第2卷）有"沈括"一条（潘富恩、徐洪兴：《中国理学》第2卷，东方出版中心，2002年，第37页）。
⑤ （宋）沈括：《孟子解》，《沈氏三先生文集·长兴集》卷三十二，四部丛刊三编。

关于沈括作《孟子解》的原因，有学者认为，这与作为北宋儒学中以王安石为代表的荆公新学"研孟之风颇盛"有关。[①]王安石是北宋时期著名的政治改革家，同时也是当时著名的儒家学者，黄宗羲《宋元学案》专列《荆公新学略》予以传述。沈括与王安石有亲戚关系，据考证，王安石之弟王安礼是沈括的表侄女婿，[②]而且，二人曾有过密切的接触。在王安石变法之初，沈括得到了王安石的赏识和器重，积极支持和参与变法；后来，虽然两人的关系有所疏远，但沈括对王安石始终抱以敬重与感激。[③]沈括曾书信与王安石说："虽然齿发之向衰，尚期忠义之可奋，誓坚蝼蚁之志，仰酬陶冶之恩。"[④]这里所说的"陶冶之恩"，应该是指王安石对沈括在思想方面的陶冶。王安石酷爱《孟子》，作《孟子解》十四卷；其亲人、门人也都嗜《孟》、注《孟》，沈括作《孟子解》很可能受到此尊孟风气的影响。

《孟子解》的儒学思想，主要有以下五个方面：

第一，推崇"君子之道"。对于《孟子·尽心上》所言："有事君人者，事是君则为容悦者也。有安社稷臣者，以安社稷为悦者也。有天民者，达可行于天下而后行之者也。有大人者，正己而物正者己也"，《孟子解》提出了"君子之道"，其中说道："君子之道四：其君安则容，其君安则悦，是'事君人者'也；君不幸则死之。不为一君存亡，社稷安则容，社稷安则悦，是'安社稷臣者'；君危社稷则去，社稷不幸则死之。天之所与者与之，天之所弃者弃之，不为一姓存亡，视天而已，'天民'也……有命有义，正己而物正者，大人之道也；行至于大人，尽矣。"这里论述了四种"君子之道"，一是以君王为重，二是以社稷为重，三是以百姓为"天"，四是从"正己"出发。《孟子解》认为，从"正己"出发才能达到"物正"，这是最高的"大人之道"。

第二，阐发"以民为本"。对于《孟子·离娄上》所言："桀纣之失天下也，失其民也。失其民者，失其心也。得天下有道，得其民，斯得天下矣。得其民有道，得其心，斯得民矣"，《孟子解》说："得其民有道，得吾之心，

① 韩钟文：《中国儒学史·宋元卷》，广东教育出版社，1998年，第282页。
② 杭州大学宋史研究室：《沈括研究》，浙江人民出版社，1985年，第55页。
③ 祖慧：《沈括与王安石关系研究》，《学术月刊》2003年第10期。
④ （宋）沈括：《谢江宁府王相公启》，《沈氏三先生文集·长兴集》卷十七，四部丛刊三编。

斯得民矣。我之所欲者，与之聚之；我之所不欲者，勿施之也。扬雄曰："天地之得斯民也，斯民之得一人也，一人之得心矣。天下之心虽众，一人之心是也。一人之心，吾心是也。知吾之与人同也，安知人之不与天下同哉！'"《孟子解》不仅赞同《孟子》所谓"得其民，斯得天下"，"得其心，斯得民"，而且提出要"得吾之心"，并以"吾心"推知"天下之心"，从而"得其民"。

第三，强调"人性本善"。对于《孟子·公孙丑上》所言："无恻隐之心，非人也；无羞恶之心，非人也；无辞让之心，非人也；无是非之心，非人也。恻隐之心，仁之端也；羞恶之心，义之端也；辞让之心，礼之端也；是非之心，智之端也。人之有是四端也，犹其有四体也"，《孟子解》说："善者，仁之质；不忍者，仁之动。性之命于天者莫不善也，杂于物然后有不善者。人之常不善者，德之害也。全其常者，谓之仁；仁、人一也。仁言其德，人言其体；四体不具，不足以为人。仁亦如此而已矣。如是者，仁之质也，由是善也。怵于心而为不忍者，仁之动也。言其术，虽一日之不忍，谓之仁可也；言其人，小有不足，而谓之人则不可。"这里从人性本善出发，阐述了"善"与"仁"、"仁"与人的关系，提出"善者，仁之质"，"仁、人一也"，并且认为，人而不仁，"不足以为人"，进而强调由"仁"而"善"，不可"小有不足"。

第四，实践"穷理尽性"。对于《孟子·尽心上》所言："尽其心者，知其性也；知其性，则知天矣。存其心，养其性，所以事天也。夭寿不贰，修身以俟之，所以立命也"，《孟子解》说："善不至于诚，不尽其心者也。尽其心，则性也。知性，则知天矣。天之与我者，存而不使放也，养而无敢害也，是之谓事天。寿夭得丧，我不得而知，知修身而已。身既修矣，所遇者则莫非命也。所谓修身也，不能穷万物之理，则不足择天下之义；不能尽己之性，则不足入天下之道德。穷理尽性以此。"《孟子解》认为，修身包括"穷理"和"尽性"两个方面。"穷理"就是要"穷万物之理"，《孟子解》还说："思之而尽其义，始条理也；行之而尽其道，终条理也。""尽性"就是要尽己之善性，《孟子解》还说："动而莫不顺利者，尽其性也；舜由仁义行，孔子从心所欲不逾矩，顺利之至也。"认为人的修身必须以"穷理尽性"为基础。

第五，善养"浩然之气"。对于《孟子·公孙丑上》所言："我知言，我善养吾浩然之气……其为气也至大至刚，以直养而无害，则塞于天地之间"，《孟子解》作了自己的解释，其中说道："浩然，充完也。屈伸俯仰，无不中义；仰不愧于天，俯不怍于人。立于天地之间而无所憾，至大也。是则受，非则辞，不可以势劫，不可以气移，至刚也。可则进，不可则退，可则行，不可则止，直其义，虽难不辞，非其义，虽微不苟，至直也。义集于身，则气充于心，尽其志而无所慊于天地之间者，养之之至也。"这里对"浩然之气"中的"浩然"，以及"至大至刚，以直养而无害"中的"至大""至刚""直""养"作了诠释。

应当说，沈括的《孟子解》不仅把握了《孟子》的基本思想，而且还蕴涵着沈括的儒学精神和儒家情怀。这对于沈括的科学研究不可能不具有重要的影响，或许沈括对于科学研究的兴趣正是从这样的儒家情怀生发出来的。

二、宋儒济世精神的影响

言及北宋儒家的济世精神，首推宋初大儒范仲淹所倡导的"先天下之忧而忧，后天下之乐而乐"[①]。这一理念得到了同时代儒家学者的共鸣。胡瑗"以明体达用之学授诸生"，"立'经义''治事'二斋：经义则选择其心性疏通、有器局、可任大事者，使之讲明'六经'；治事则一人各治一事，又兼摄一事，如治民以安其生，讲武以御其寇，堰水以利田，算历以明数是也"，[②]落实北宋儒家的济世精神。张载志在"为天地立心，为生民立命，为往圣继绝学，为万世开太平"[③]，则反映出北宋儒家学者的为学旨趣和济世精神。

作为儒家学者，沈括同样具有北宋儒家所共有的济世精神，这在《孟子解》中不难看出。他推崇"君子之道"，讲"以民为本"，足以表现出他的济世精神。而且，对于范仲淹的济世精神，沈括曾给予了高度的评价。据《梦溪

---

① （宋）范仲淹：《范文正公集》卷七《岳阳楼记》，四部丛刊初编。
② （清）黄宗羲、全祖望：《宋元学案》（一）卷一《定安学案》，中华书局，1986年，第24页。
③ （清）黄宗羲、全祖望：《宋元学案》（一）卷十七《横渠学案上》，中华书局，1986年，第664页。

笔谈》记载：范仲淹"发有余之财，以惠贫者"，对此，沈括称赞道："荒政之施，莫此为大……此先王之美泽也。"①《梦溪笔谈》还记述了范仲淹不同意减免茶盐商税而提出"先省国用，国用有余，当先宽赋役，然后及商贾"的事迹，②以及范仲淹所言："史称诸葛亮能用度外人。用人者莫不欲尽天下之才，常患近己之好恶而不自知也；能用度外人，然后能周大事。"③

　　沈括的济世精神还表现在他的为官上。他34岁赴京担任编校昭文馆书籍，后又迁馆阁校勘；其间还奉命参与了浑天仪的改进工作。王安石变法期间，沈括积极参与变法；41岁时，提举疏浚汴河；同时，还兼提举司天监。司天监是当时的天文历法机构。沈括对司天监进行了整顿改组，举荐人才，改良和创制天文仪器，编修新历。后来，沈括奉命相度两浙农田水利、差役等事并兼察访使。他经过实地考察，积极支持兴修两浙水利工程。沈括43岁时被任命为河北西路察访使，兼提举该路保甲，在兴修边防设施、推行保甲法、加强边防等方面做了许多工作。沈括所担任的这些官职，多少都与科技有关，这也为他的科学研究提供了客观条件。

　　从沈括在科学上所做出的重要贡献看，他研究晷漏，改制了浑仪、浮漏和景表，进行天文观测，并提出制定"十二气历"，在数学上提出了"隙积术"和"会圆术"，还制成木质立体地图，绘制成全国性地图，在医药学上编著了《苏沈良方》，等等。这些研究均与国家和百姓的需要密切相关，属于实用科学一类。沈括专注于这样的实用科学，无疑是他的经国济世思想之所致。

三、宋儒博学精神的影响

　　北宋儒家崇尚博学。王安石在论及为学时说："世之不见全经久矣，读

---

① （宋）沈括：《梦溪笔谈》卷十一《官政一》，胡道静：《梦溪笔谈校正》，上海古籍出版社，1987年，第419页。
② （宋）沈括：《梦溪笔谈》卷十二《官政二》，胡道静：《梦溪笔谈校正》，上海古籍出版社，1987年，第438页。
③ （宋）沈括：《梦溪笔谈》卷二十五《杂志二》，胡道静：《梦溪笔谈校正》，上海古籍出版社，1987年，第824页。

经而已，则不足以知经。故某自百家诸子之书，至于《难经》《素问》《本草》、诸小说，无所不读，农夫、女工，无所不问。然后于经为能知其大体而无疑。盖后世学者与先王之时异矣，不如是，不足以尽圣人故也。"①认为学习儒家经典，不能只是读经，而应当"无所不读"、"无所不问"，否则，就"不足以知经"，"不足以尽圣人"。由于"无所不读"、"无所不问"，所以，也会涉及科技方面的内容。在北宋的儒家学者中，博学多能而涉及科技者，不在少数。

与北宋儒家博学且涉猎科技相同，沈括也是一位博学多才者。《宋史·沈括传》称他"博学善文，于天文、方志、律历、音乐、医药、卜算，无所不通，皆有所论著"②。沈括的著述颇多，达40种，其中有"经类"8种，"史类"11种，"子类"18种，"集类"3种，涉及易、礼、乐、春秋、仪注、刑法、地理、儒家、农家、小说家、历算、兵书、杂艺、医书、别集、总集、文史等17类。③在《宋史·艺文志》的著录中，沈括的著作除儒学外，还有：《熙宁详定诸色人厨料式》《熙宁新修凡女道士给赐式》《诸敕式》《诸敕令格式》《诸敕格式》《天下郡县图》《忘怀录》《笔谈》《清夜录》《熙宁奉元历》《熙宁奉元历经》《熙宁奉元历立成》《熙宁奉元历备草》《比较交蚀》《良方》《苏沈良方》《集贤院诗》等。在沈括的这些著述中，既有自然科学的著作，又有人文科学的著作。

即使是沈括的代表作《梦溪笔谈》，其中也是既有自然科学的内容，又有人文科学的内容；正如《梦溪笔谈·序》所说："所录唯山间木荫，率意谈噱，不系人之利害者；下至闾巷之言，靡所不有"④；从《梦溪笔谈》以及《补笔谈》分为"故事""辨证""乐律""象数""人事""官政""权智""艺文""书画""技艺""器用""神奇""异事""谬误""讥谑""杂志""药议"等节，也可看出这一点。英国科学史家李约瑟将《梦溪笔谈》分为584条加以分析，其中属人文资料的270节：官吏生涯和朝廷60节，学术和科举10节，文学艺术70节，法律和刑事11节，军事25节，轶事杂

① （宋）王安石：《临川先生文集》卷七十三《答曾子固书》，四部丛刊初编。
② （元）脱脱等：《宋史》（三十）卷三百三十一《沈括传》，中华书局，1977年，第10657页。
③ 胡道静：《梦溪笔谈校正》，上海古籍出版社，1987年，第1151～1154页。
④ （宋）沈括：《梦溪笔谈·序》，胡道静：《梦溪笔谈校正》，上海古籍出版社，1987年，第3页。

谈72节，占卜方术和民间传说22节；属人文科学的107节：人类学6节，考古学21节，语言学36节，音乐44节；属自然科学的207节：论易经、阴阳和五行7节，数学11节，天文学和历法19节，气象学18节，地质和矿物学17节，地理和制图15节，物理学6节，化学3节，工程、冶金及工艺18节，灌溉和水利工程6节，建筑6节，生物科学、植物学和动物学52节，农艺6节，医药和制药学23节。① 属于自然科学的内容约占全书的35%。中国科学史家胡道静把《梦溪笔谈》分为609条加以分析，其中属人文科学的420条，属自然科学的189节；并且指出，沈括《梦溪笔谈》中自然科学的内容只占全书的三分之一弱。②

由此可见，《梦溪笔谈》既是一部自然科学著作，更是一部人文科学著作。而且，即使从自然科学的角度看，《梦溪笔谈》也是一部涉及数学、天文历法、地学、物理、化学、生物学、医药学以及工程技术等诸多科技领域的著作，体现出北宋儒家的博学精神。就《梦溪笔谈》中的科技所涉及的范围而言，其中不仅有那些与经国济世密切相关的领域，也有一些与之无关仅仅属于个人兴趣的方面。比如，《梦溪笔谈》卷十八《技艺》提出了各种计算棋局总数的方法，《梦溪笔谈》卷二十《神奇》对陨石坠落的详细描述，诸如此类，并不与经国济世相关。这恰恰反映了沈括的博学以及对自然现象的兴趣。

四、宋儒怀疑精神的影响

北宋初期的欧阳修不仅是著名的文学家，而且在儒学方面也做出了贡献，黄宗羲《宋元学案》专列《庐陵学案》予以传述。重要的是，以欧阳修等为代表的儒家学者对儒家经典提出了大胆的怀疑，形成了"疑古"、"疑经"的思潮。欧阳修认为，《周易·系辞》非孔子所作，并且还明确指出："何独《系辞》焉，《文言》《说卦》而下，皆非圣人之作。"③ 此外，欧阳修还对汉代毛亨和郑玄的《诗经》注疏提出了责难，指出："毛、郑二学，其说炽辞辩，固已广博，然不合于经者，亦不为少，或失于疏略，或失于谬妄。"④

① （英）李约瑟：《中国科学技术史》第一卷《总论》，科学出版社，1975年，第290～291页。
② 胡道静：《弥足珍贵的〈梦溪笔谈〉——写在沈括逝世900周年》，《自然杂志》1996年第1期。
③ （宋）欧阳修：《欧阳文忠公文集》卷七十八《易童子问》，四部丛刊初编。
④ （宋）欧阳修：《欧阳文忠公文集》卷六十《外集·诗解统序》，四部丛刊初编。

欧阳修的怀疑精神对当时学术界产生了重要的影响，《四库全书总目·毛诗本义》说："自唐以来，说《诗》者莫敢议毛、郑。虽老师宿儒，亦谨守《小序》。至宋而新义日增，旧说俱废。推原所始，实发于修。"①

沈括的科学研究对于宋代科技发展的意义，不仅在于取得了诸多的科学成就，更重要的还在于体现出科学的怀疑精神，这就是：对于前人的看法，不盲目地相信与遵从，而是用亲身的观察、实验予以验证；对于错误的看法则提出了质疑和批评。

对于古历法中的置闰之法，沈括说："置闰之法，自尧时始有。太古以前，又未知如何？置闰之法，先圣王所遗，固不当议。然事固有古人所未至而俟后世者，如'岁差'之类，方出于近世，此固无古今之嫌也。"②沈括认为，古人并非全知全能，其所未弄清的事还需待后人。这充分体现出沈括的科学怀疑精神。他还具体分析了古历法中置闰之法的不足，认为它既不能反映一年四季的寒暑变化和万物生长的实际情况，而与农事活动无关，又增加了闰月这一累赘，因此主张废弃置闰之法，代之以"十二气历"。

对于古历法所言刻漏，沈括说："古今言刻漏者数十家，悉皆疏缪。历家言晷漏者，自《颛帝历》至今见于世谓之'大历'者，凡二十五家。其步漏之术，皆未合天度。予占天候景，以至验于仪象，考数下漏，凡十余年，方粗见真数，成书四卷，谓之《熙宁晷漏》，皆非袭蹈前人之迹。"③

对于刻漏家用所谓"冬月水涩，夏月水利"的说法来解释天运与晷漏计时之间的误差，沈括"以理求之"，发现"冬至日行速，天运已期，而日已过表，故百刻而有余；夏至日行迟，天运未期，而日已至表，故不及百刻。既得此数，然后复求晷景漏刻，莫不吻合。此古人之所未知也。"④

沈括曾做过一些科学实验，其中有证明凹面镜焦点和凹面镜成倒像的实验：他通过用手指在凹面镜前来会移动，观察镜上的影像变化，发现"以一指迫而照之则正，渐远则无所见，过此遂倒"⑤。沈括还根据这一道理，批驳

---

① （清）永瑢、纪昀等：《四库全书总目》卷十五《经部·诗类一·毛诗本义》，文渊阁四库全书。
② （宋）沈括：《补笔谈》卷二《象数》，胡道静：《梦溪笔谈校正》，上海古籍出版社，1987年，第932～933页。
③④（宋）沈括：《梦溪笔谈》卷七《象数一》，胡道静：《梦溪笔谈校正》，上海古籍出版社，1987年，第304页。
⑤（宋）沈括：《梦溪笔谈》卷三《辩证一》，胡道静：《梦溪笔谈校正》，上海古籍出版社，1987年，第111页。

了《酉阳杂俎》所谓"海翻则塔影倒"的说法，认为"此妄说也。影入窗隙则倒，乃其常理"①。

对于唐代的卢肇认为潮汐由太阳的出没而激起的观点，沈括以亲身的观察予以了批驳。他说："卢肇论海潮，以谓'日出没所激而成'，此极无理。若因日出没，当每日有常，安得复有早晚？予常考其行节，每至月正临子午则潮生，候之万万无差。此以海上候之，得潮生之时。去海远即须据地理增添时刻。月正午而生者为'潮'，则正子而生者为'汐'；正子而生者为'潮'，则正午而生者为'汐'。"②

对于段成式的《酉阳杂俎》所谓"一木五香"，沈括指出："段成式《酉阳杂俎》记事多诞，其间叙草木异物，尤多缪妄。率记异国所出，欲无根柢。如云'一木五香：根旃檀，节沉香，花鸡舌，叶藿，胶熏陆。'此尤谬。旃檀与沉香，两木元异；鸡舌即今丁香耳，今药品中所用者亦非；藿香自是草叶，南方至多；熏陆小木而大叶，海南亦有，熏陆乃其胶也，今谓之'乳头香'。五物迥殊，元非同类。"③

沈括还反对"恃书以为用者"，他说："医之为术，苟非得之于心，而恃书以为用者，未见能臻其妙……况方书仍多伪杂，如《神农本草》，最为旧书，其间差误尤多，医不可以不知也。"④

对于当时《神农本草经》上所记载的草药"野葛"是否有毒性的问题，各种注释说法不一，而且有许多人误食中毒；为此，沈括"尝令人完取一株观之"，最后断定"此草人间至毒之物，不入药用"⑤。

对于古代医家所谓"云母粗服，则著人肝肺不可去"的说法，沈括指出："世俗似此之论甚多，皆谬说也。"沈括还根据自己的实际观察，对所谓

① （宋）沈括：《梦溪笔谈》卷三《辩证一》，胡道静：《梦溪笔谈校正》，上海古籍出版社，1987年，第111～112页。
② （宋）沈括：《补笔谈》卷二《象数》，胡道静：《梦溪笔谈校正》，上海古籍出版社，1987年，第931页。
③ （宋）沈括：《梦溪笔谈》卷二十二《谬误》，胡道静：《梦溪笔谈校正》，上海古籍出版社，1987年，第717页。
④ （宋）沈括：《梦溪笔谈》卷十八《技艺》，胡道静：《梦溪笔谈校正》，上海古籍出版社，1987年，第614页。
⑤ （宋）沈括：《补笔谈》卷三《药议》，胡道静：《梦溪笔谈校正》，上海古籍出版社，1987年，第1041页。

人有水喉、食喉、气喉之说予以了批驳；指出这是由于"当时验之不审"。①

以上事例足以说明，沈括具有强烈的科学怀疑精神。当然，对于前人的理论见解，沈括并不是一概否定，而是以事实材料为依据，否定其错误的，肯定其正确的。在沈括之前，祖冲之的儿子祖暅已经测得天北极不动处距北极星有一度多。为了验证这一说法，沈括"以玑衡求极星"，每夜分初夜、中夜、后夜观测三次，历时三个月，并画图二百余张。②唐代医学家孙思邈所著《备急千金要方》认为，人参汤须用流水煎煮，用止水则药效不佳；沈括根据"鳅鳝入江中辄死"和鲫鱼"生流水中则背鳞白而味美，生止水中则背鳞黑而味恶"，证明流水与止水的差异。③为了证明琴弦的共振现象，沈括做了一个纸人共振演示实验："先调诸弦令声和，乃剪纸人加弦上，鼓其应弦，则纸人跃，他弦即不动。声律高下苟同，虽在他琴鼓之，应弦亦震，此之谓正声。"④他还用模拟实验的方法，即用"一弹丸，以粉涂其半，侧视之，则粉处如钩；对视之，则正圆"，模拟月亮受到不同方向的太阳照射时所出现的盈亏现象，并以此为依据，证明了"日月之形如丸"⑤。

对于沈括的科学怀疑精神，著名科学家、科学史家竺可桢有一段评论："括对古人之说，虽加以相当之尊重，但并不视为金科玉律。其论历法一条，抛弃一切前人之说，主张以节气定月，完全为阳历，而较现时世界重行之阳历，尤为正确合理……括当时能独违众议，毅然倡立新说，置怪怒攻骂于不顾，其笃信真理之精神，虽较之于伽利略，亦不多让也。"⑥

沈括之所以会有如此的怀疑精神，可能有多种多样的原因，但与当时北宋儒学的发展不无关系。怀疑精神是北宋儒学重要的学术精神之一，沈括的怀

① （宋）沈括：《梦溪笔谈》卷二十六《药议》，胡道静：《梦溪笔谈校正》，上海古籍出版社，1987年，第827页。
② （宋）沈括：《梦溪笔谈》卷七《象数一》，胡道静：《梦溪笔谈校正》，上海古籍出版社，1987年，第296页。
③ （宋）沈括：《补笔谈》卷三《药议》，胡道静：《梦溪笔谈校正》，上海古籍出版社，1987年，第1025页。
④ （宋）沈括：《补笔谈》卷一《乐律》，胡道静：《梦溪笔谈校正》，上海古籍出版社，1987年，第917～918页。
⑤ （宋）沈括：《梦溪笔谈》卷七《象数一》，胡道静：《梦溪笔谈校正》，上海古籍出版社，1987年，第309页。
⑥ 竺可桢：《北宋沈括对于地学贡献与纪述》，《竺可桢文集》，科学出版社，1979年，第69～70页。

疑精神正是在北宋儒家普遍具有怀疑精神的背景中形成的。

虽然在沈括的一生中，除了有《上欧阳参政书》①之外，并没有其他史料证明他与欧阳修有过直接的接触，但是，由欧阳修所引发的"疑古"、"疑经"的思潮，以及由此而形成的北宋儒学的怀疑精神，不可能不对沈括产生一定程度的影响。而且，沈括的《梦溪笔谈》多次论及欧阳修，比如《梦溪笔谈》卷九《人事一》记述并赞扬了欧阳修为改变当时文章的仿效之风所做出的努力；《梦溪笔谈》卷十五《艺文二》对欧阳修"好推挽后学"的事迹予以高度赞扬。这些事实表明，沈括对欧阳修是推崇的。

如前所述，沈括与王安石曾有过密切的接触。作为北宋儒学荆公新学的代表，王安石不仅在政治上讲变法革新，指出："有阴有阳，新故相除者，天也；有处有辨，新故相除者，人也。"②而且在学术上，要求对经典"有所去取"，指出："致其知而后读，以有所去取，故异学不能乱也。惟其不能乱，故能有所去取者，所以明吾道而已。"③明显具有不拘泥于经典的创新精神。而且，沈括的《梦溪笔谈》多次谈到王安石，比如《梦溪笔谈》卷九《人事一》记述了王安石得病而不受他人所赠良药之事；《梦溪笔谈》卷十四《艺文一》就王安石以"鸟鸣山更幽"对"风定花犹落"作了评论。因此，从沈括与王安石两人的关系来看，沈括的怀疑精神的形成很可能也受到王安石的影响。

五、宋儒求理精神的影响

宋代科技之所以是发展的高峰，除了取得了重大的科技成就之外，还在于当时的科技在以往对自然现象做出描述的基础上开始探讨深层的规律性的东西，从知其然深入到知其所以然，具体表现为对"自然之理"的探讨。北宋农学家陈旉的《农书》④讲"理"，其中《天时之宜篇》说："天地之间，物物

---

① 该文论及礼乐与为政的关系，并且说："某尝得古之乐说，习而通之，其声音之所出，法度之所施，与夫先圣人作乐之意粗皆领略，成书一通，亦百工群有司之一技，不敢嘿而不献，非敢以为是也。"（沈括：《上欧阳参政书》，《沈氏三先生文集·长兴集》卷十九，四部丛刊三编）
② （宋）王安石：《临川先生文集》卷七《王氏〈字说〉辨》，四部丛刊初编。
③ （宋）王安石：《临川先生文集》卷七十三《答曾子固书》，四部丛刊初编。
④ （宋）陈旉：《农书》，文渊阁四库全书。

皆顺其理也",并且强调"顺天地时利之宜,识阴阳消长之理"。《善其根苗篇》则说:"欲根苗壮好,在夫种之以时,择地得宜,用粪得理"。北宋医学家寇宗奭在所著《本草衍义》的"总序"中说他"考诸家之说,参之实事,有未尽厥理者,衍之以臻其理",并且认为,药物"其物至微,其用至广,盖亦有理。若不推究厥理,治病徒费其功,终亦不能活人"。①北宋科学家在对"自然之理"的探讨方面,最为著名者当属沈括。

沈括非常重视对于各种自然现象的观察。沈括在《苏沈良方》"原序"中说:"予所谓良方者,必目睹其验,始著于篇,闻不预也。"②为了验证"虹能入溪涧饮水"的说法,他在雨过天晴出现虹的时候,"与同职扣涧观之",发现"虹两头皆垂涧中";他还"使人过涧,隔虹对立",看到"中间如隔绡縠"。③沈括重视观察自然现象,但更重视从所观察的自然现象中把握"自然之理"。

在沈括看来,自然界的事物都包含着"理"。他说:"大凡物有定形,形有真数……非深知造算之理者,不能与其微也。"④"大凡物理有常、有变……其造微之妙,间不容发。推此而求,自臻至理。"⑤沈括在解释《禹贡》"彭蠡既潴,阳鸟攸居;三江既入,震泽底定"时说:"盖三江之水无所入,则震泽壅而为害;三江之水有所入,然后震泽底定,此水之理也。"⑥在解释黄河中下游陕县以西黄土高原成因时,他说:"今关、陕以西,水行地中,不减百余尺,其泥岁东流,皆为大陆之土,此理必然。"⑦接着他又指出"今成皋、峡西大涧中,立土动及百尺,迥然耸立,亦雁荡具体而微者,但此土彼石耳。既非挺出地上,则为深谷林莽所蔽,故古人未见,灵运所不至,理

①（宋）寇宗奭:《重修政和经史证类本草·新添本草衍义序》,四部丛刊初编。
②（宋）沈括:《苏沈良方·原序》,上海科学技术出版社,2003年,第3页。
③（宋）沈括:《梦溪笔谈》卷二十一《异事》,胡道静:《梦溪笔谈校正》,上海古籍出版社,1987年,第670页。
④（宋）沈括:《梦溪笔谈》卷七《象数一》,胡道静:《梦溪笔谈校正》,上海古籍出版社,1987年,第304～305页。
⑤（宋）沈括:《梦溪笔谈》卷七《象数一》,胡道静:《梦溪笔谈校正》,上海古籍出版社,1987年,第315～316页。
⑥（宋）沈括:《梦溪笔谈》卷四《辩证二》,胡道静:《梦溪笔谈校正》,上海古籍出版社,1987年,第173页。
⑦（宋）沈括:《梦溪笔谈》卷二十四《杂志一》,胡道静:《梦溪笔谈校正》,上海古籍出版社,1987年,第756页。

不足怪也。"①

对于白居易的《游大林寺》诗云："人间四月芳菲尽，山寺桃花始盛开"，沈括认为，"盖常理也，此地势高下之不同也。"②在讨论乐律时，沈括指出："以管色奏双调，琵琶弦辄有声应之，奏他调则不应，宝之以为异物。殊不知此乃常理。二十八调但有声同者即应；若遍二十作调而不应，则是逸调声也……人见其应，则以为怪，此常理耳。此声学至要妙处也。今不知此理，故不能极天地至和之声。"③这里讲的是"常理"。

论及制磬，沈括说："《考工》为磬之法：'已上则磨其耑，已下则磨其旁'磨之至于击而有韵处，即与徽应，过之则复无韵；又磨之至于有韵处，复应以一徽。石无大小，有韵处亦不过十三，犹弦之有十三泛声也。此天地至理，人不能以毫厘损益其间。"④这里讲的是"至理"。

关于制造乐器时的音准问题，沈括说："乐器须以金石为准；若准方响，则自当渐变。古人制器，用石与铜，取其不为风雨燥湿所移，未尝用铁者，盖有深意焉。律法既亡，金石又不足恃，则声不得不流，亦自然之理也。"⑤论及"五石散"，沈括说："'五石散'杂以众药，用石殊少，势不能蒸，须藉外物激之令发耳。如火少，必因风气所鼓而后发；火盛，则鼓之反为害，此自然之理也。"⑥这里讲的是"自然之理"。

在沈括那里，无论是"常理""至理"，或是"自然之理"，都是指自然界内部固定的联系、规律。他在讨论乐律时说："此皆天理不可易者。古人以为难知，盖不深索之。听其声，求其义，考其序，无毫发可移，此所谓天理

---

① （宋）沈括：《梦溪笔谈》卷二十四《杂志一》，胡道静：《梦溪笔谈校正》，上海古籍出版社，1987年，第762页。

② （宋）沈括：《梦溪笔谈》卷二十六《药议》，胡道静：《梦溪笔谈校正》，上海古籍出版社，1987年，第835页。

③ （宋）沈括：《梦溪笔谈》卷六《乐律二》，胡道静：《梦溪笔谈校正》，上海古籍出版社，1987年，第280页。

④ （宋）沈括：《补笔谈》卷一《乐律》，胡道静：《梦溪笔谈校正》，上海古籍出版社，1987年，第915页。

⑤ （宋）沈括：《补笔谈》卷一《乐律》，胡道静：《梦溪笔谈校正》，上海古籍出版社，1987年，第916页。

⑥ （宋）沈括：《梦溪笔谈》卷十八《技艺》，胡道静：《梦溪笔谈校正》，上海古籍出版社，1987年，第614页。

也。"①他还说:"五运六气,冬寒夏暑,旸雨雷雹,鬼灵厌蛊,甘苦寒温之节,后先胜复之用,此天理也。"②在这里,沈括已经提出了被宋代理学家作为基本哲学范畴的"天理"概念。

基于对"自然之理"的认识,沈括在研究自然现象时不是满足于简单的描述,而是要进一步把握现象背后的自然规律,这就是要"原其理"。

他在考察了雁荡山奇特地貌后说:"予观雁荡诸峰,皆峭拔险怪,上耸千尺,穹崖巨谷,不类他山,皆包在诸谷中。自岭外望之,都无所见;至谷中,则森然干霄。原其理,当是为谷中大水冲激,沙土尽去,唯巨石岿然挺立耳。"③

他在解释巫咸河水与卤水调配"盐不复结"的原因时说:"原其理,盖巫咸乃浊水,入卤中,则淤淀卤脉,盐遂不成。"④

他在解释透光镜正面面向太阳时镜背面的文字可以反射到墙壁上这一现象时说:"人有原其理,以谓铸时薄处先冷,唯背文上差厚,后冷而铜缩多,文虽在背,而鉴面隐然有迹,所以于光中现。予观之,理诚如是。"⑤

显然,沈括的科学研究已不仅仅只是单纯的搜集材料和经验性的纪录,而且还在于试图把握其中的"理"。当然,对于无法把握其"理"的事物,沈括也予以了记述;比如对于磁针指南的问题,他说:"方家以磁石磨针锋,则能指南,然常微偏东,不全南也。水浮多荡摇。指爪及碗唇上皆可为之,运转尤速,但坚滑易坠,不若缕悬为最善。其法取新纩中独茧缕,以芥子许蜡缀于针腰,无风处悬之,则针常指南。其中有磨而指北者。予家指南、北者皆有之。磁石之指南,犹柏之指西,莫可原其理。"⑥

① (宋) 沈括:《梦溪笔谈》卷五《乐律一》,胡道静:《梦溪笔谈校正》,上海古籍出版社,1987年,第215页。
② (宋) 沈括:《苏沈良方·原序》,上海科学技术出版社,2003年,第1页。
③ (宋) 沈括:《梦溪笔谈》卷二十四《杂志一》,胡道静:《梦溪笔谈校正》,上海古籍出版社,1987年,第762页。
④ (宋) 沈括:《梦溪笔谈》卷三《辩证一》,胡道静:《梦溪笔谈校正》,上海古籍出版社,1987年,第127页。
⑤ (宋) 沈括:《梦溪笔谈》卷十九《器用》,胡道静:《梦溪笔谈校正》,上海古籍出版社,1987年,第635页。
⑥ (宋) 沈括:《梦溪笔谈》卷二十四《杂志一》,胡道静:《梦溪笔谈校正》,上海古籍出版社,1987年,第768页。

　　沈括以及其他科学家的求理精神的形成，既有科技发展的内在必然性，也与当时北宋儒学的发展息息相关。

　　宋人对于"理"的重视，在开国之初就已显现。沈括在《续笔谈》中记载："太祖皇帝尝问赵普曰：'天下何物最大？'普熟思未答间，再问如前。普对曰：'道理最大。'上屡称善。"①欧阳修则通过"疑古"、"疑经"抛弃了汉代儒学的章句之学，直接从经典本身来阐发其义理，从而开创了义理之学。在欧阳修的著述中，从自然界角度讲"理"的内容非常之多。比如，欧阳修在为蔡襄《荔枝谱》题"跋"说："善为物理之论者曰：天地任物之自然，物生有常理，斯之谓至神……牡丹花之绝而无甘实，荔枝果之绝而非名花……然斯二者惟一不兼万物之美，故各得极其精，此于造化不可知而推之至理宜如此也。"②欧阳修还撰《物有常理说》："凡物有常理，而推之不可知者，圣人之所不言也，磁石引针，蝍蛆甘带，松化虎魄。"这里讲"磁石引针"是"推之不可知者圣人之所不言也"。以上沈括则说"磁石之指南""莫可原其理"。欧阳修也讲"自然之理"，"天理"，其中说道："道者，自然之道也；生而必死，亦自然之理也。"③"凡物，极而不变则弊，变则通，故曰吉也。物无不变，变无不通，此天理之自然也。"④王安石也有大量关于"理"的言论，比如他说："浑沌死，乾坤至，造作万物；丑妍巨细各有理。"⑤又说："万物莫不有至理焉。能精其理，则圣人也。精其理之道在乎致其一而已……苟能致一以精天下之理，则可以入神矣；既入于神则道之至也。"⑥并且有"我读万卷书，识尽天下理"⑦的诗句。

　　与沈括同时代的儒家学者中，从自然界角度讲"理"的，除了欧阳修、王安石之外，还有反对变法的司马光、苏轼。司马光以史学著称，对于儒学也多有研究，黄宗羲《宋元学案》专列《涑水学案》予以传述，是北宋儒学中温公学派的代表。司马光也讲自然之理，他说："玉蕴石而山木茂，珠居渊而岸

---

① （宋）欧阳修：《欧阳文忠公文集》卷七十三《外集·书荔枝谱后》，四部丛刊初编。
② （宋）欧阳修：《欧阳文忠公文集》卷一百二十九《笔说·物有常理说》，四部丛刊初编。
③ （宋）欧阳修：《欧阳文忠公文集》卷六十五《外集·删正黄庭经序》，四部丛刊初编。
④ （宋）欧阳修：《欧阳文忠公文集》卷十八《居士集·明用》，四部丛刊初编。
⑤ （宋）王安石：《临川先生文集》卷七《和吴冲卿鸦鸣树石屏》，四部丛刊初编。
⑥ （宋）王安石：《临川先生文集》卷六十六《致一论》，四部丛刊初编。
⑦ （宋）王安石：《临川先生文集》卷三《拟寒山拾得二十首》，四部丛刊初编。

草荣，皆物理自然。"①苏轼以文学名满天下，在儒学上也颇多研究，黄宗羲《宋元学案》专列《苏氏蜀学略》对苏洵、苏轼、苏辙父子三人予以传述，是北宋儒学中蜀学派的代表。苏轼说："凡学之难者，难于无私。无私之难者，难于通万物之理。故不通乎万物之理，虽欲无私，不可得也。己好则好之，己恶则恶之，以是自信则惑也。是故幽居默处而观万物之变，尽其自然之理，而断之于中。"②至于北宋理学一派的程颢、程颐更是要建立以"理"为核心包括自然之理在内的理学。沈括以及当时不少科学家的求理精神正是在这种普遍讲"理"的儒学背景中形成的。

　　沈括是北宋乃至整个古代最伟大的科学家。然而，当我们探究其背后的原因，从文化的角度审视这位科学家的时候，发现他更是一位儒家学者。他推崇儒学，研习儒家经典，养浩然之气，行君子之道，穷理尽性，以民为本；所特殊的是他对自然界事物及其变化具有高度的兴趣，并进行了深入的研究。而且，北宋儒学的济世精神、博学精神、怀疑精神和求理精神深深地影响着他的科学研究，以至于他的科学研究明显带有北宋儒学所具有的特征，充满了蓬勃向上的宋儒精神。

①（宋）司马光：《温国文正司马公文集》卷二十五《赵朝议文稿序》，四部丛刊初编。
②（宋）苏轼：《苏轼文集》（四）卷四十八《上曾丞相书》，中华书局，1986年，第1739页。

参考文献

[1]沈括.梦溪笔谈[M].上海：上海古籍出版社，1987.

[2]黄宗羲，全祖望.宋元学案[M].北京：中华书局，1986.

[3]永瑢，纪昀，等.四库全书总目[M].文渊阁四库全书.

[4]阮元校刻.十三经注疏[M].北京：中华书局，1980.

[5]李约瑟.中国科学技术史：第一卷 总论[M].北京：科学出版社，1975.

[6]李约瑟.中国科学技术史：第二卷 科学思想史[M].北京：科学出版社，上海：上海古籍出版社，1990.

[7]李约瑟.中国科学技术史：第四卷 天学[M].北京：科学出版社，1975.

[8]李约瑟.中国科学技术史：第五卷 地学[M].北京：科学出版社，1976.

[9]钱宝琮.钱宝琮科学史论文选集[C].北京：科学出版社，1983.

[10]陈遵妫.中国天文学史[M].上海：上海人民出版社，1984.

[11]席泽宗.中国科学技术史：科学思想卷[M].北京：科学出版社，2001.

[12]杜石然，等.中国科学技术史稿[M].北京：科学出版社，1982.

[13]杜石然.中国古代科学家传记[M].北京：科学出版社，1992、1993.

[14]罗桂环，汪子春.中国科学技术史：生物学卷[M].北京：科学出版社，2005.

［15］陈美东.中国科学技术史：天文学卷［M］.北京：科学出版社，2003.

［16］董恺忱，范楚玉.中国科学技术史：农学卷［M］.北京：科学出版社，2000.

［17］金秋鹏.中国科学技术史：人物卷［M］.北京：科学出版社，1998.

［18］乐爱国.走进大自然的宋代大儒：朱熹的自然研究［M］.深圳：海天出版社，2014.

［19］乐爱国.为天地立心：张载自然观［M］.深圳：海天出版社，2013.

［20］乐爱国.宋代的儒学与科学［M］.北京：中国科学技术出版社，2007.

［21］乐爱国.儒家文化与中国古代科技［M］.北京：中华书局，2002.

索　引

（按汉语拼音顺序排列）

B

八卦　18、23、24、25、27、55、
　　65、92、95、101、143

班固　18、87

《抱朴子内篇》120

《抱朴子外篇》87

《备急千金要方》91、113、160

《本草纲目》86、103、107

《本草图经》85、116

《本草衍义》92、162

边冈　85

《补农书》80

C

蔡伦　85

蔡襄　85、116、165

蔡邕　19、58、86、113

《蚕书》64

《测圆海镜·序》105、143

《茶经》97、113

巢元方　113

陈旉　88、90、92、99、102、114、
　　161

陈亮　61、72

《陈亮集》72

陈天祥　10

陈蠢　115、116

陈遵妫　56、58、167

程大位　101

《畴人传》81、106

《畴人传三编》125

《楚辞集注》72

《船山全书》80

《春秋》4、15、16、17、18、19、
　　20、21、22、37、38、49、
　　62、75、87、88、89、94、
　　95、97、116、124

《春秋长历》45

《春秋地理考实》45

《春秋地名考略》45

《春秋繁露》98

《春秋公羊传》19、37、38

《春秋公羊传注疏》20

《春秋穀梁传注疏》20

《春秋朔闰异同》45

《春秋左传正义》20、112

《春秋左氏传》（《春秋左传》）
　　16、19、20、37、79、88、
　　112

崔灵恩 60

崔寔 60、87、89、96

D

《大明历》97

《大唐西域记》120

《大学》4、5、21、22、68、129、
　　131、138、142

《大学疏义》74

《大学章句》21

大衍 25、55、88、95、100

《大衍历》88、100

大衍求一术 95

大衍之数 25、55、88、100

戴德 17、19、50

戴圣 17、19

戴震 45、80、89

《戴震文集》80

《道藏》63、88

《道德经》8

道家 10、113、120

《地理志》87

董仲舒 16、17、18、72、98

独尊儒术 前言1、16、111

《读〈书〉丛说》75

杜石然 32、44、45、60、77、
　　78、85、88、90、114、115、
　　116、119、125、167、168

E

《尔雅》20、38、39、44、75、
　　87、96

《尔雅注》20

《尔雅注疏》21、45

二程 61、66、67、69、72、73、
　　105、117、140

《二程集》66、67、105

二十四节气 58、94

F

法显 120

樊迟 9、10、52、141

樊迟学稼 9、10、52、141

《氾胜之书》90、97、113

范成大 116

《范文正公集》61、114、154

范仲淹 61、114、141、154、155

方以智 79、80、89、103、104、
　　　105、138

焚书坑儒 16

冯桂芬 124、125

冯友兰 9、145

《佛国记》120

伏生 16、18

伏羲 18、26、27、50、95、101、
　　　106

G

盖天说 50、56、58、78、80、112

甘德 52、111

《甘石星经》97

高濂 73

高士奇 45

高堂生 17、18

格物穷理之学 107、131

格物致知 68、107、127、131、
　　　133、138、144

《格致余论》107

葛洪 87、113、120

耿寿昌 90、112

《公羊传》17、19、20

公羊高 17

《勾股割圜记》80

《古论语》19

古文经 17、18

《古文尚书》17、18、20

《古文孝经》20

《穀梁传》17、19、20

顾颉刚 116

顾炎武 8、79

卦气说 58、94

官吏科学家 85、86

关学 61

《管子》98

《广舆图》78、89

《桂海虞衡志》116

郭璞 20、21、39、87、89

郭守敬 77、86、94、105、114

H

《海潮图》116

《海潮论》116

《海岛算经》97

《海国图志》123、124

韩鄂 88、96

《韩诗》16

韩婴 16

《汉书》3、5、16、18、20、55、
　　87、90、96

汉武帝 前言1、16、20

何晏 10、19、21、42

《河南程氏遗书》66、67、105

河图 95、101

《洪范》28、30、72

洪兴祖 88

《后汉书》16

忽必烈 77

胡道静 93、116、117、155、156、
　　157、158、159、160、162、
　　163、164、167

胡广 22

胡宏 61、69、70

胡母生 17、18

胡瑗 61、62、154

桓谭 56、57、112

《圜容较义》81

皇甫谧 91、113

《皇极经世书》65、66

《皇极历》60

《皇王大纪》70

《皇祐新乐图记》61

《黄帝内经》97、99、101、113

黄裳 88、89、94

黄宗羲 21、62、63、65、71、72、
　　79、152、154、157、165、
　　166、167

《晦庵先生朱文公文集》21、140

浑盖合一 60、78

浑盖之争 56、58、60、112

浑天说 56、57、78、80、112

J

《缉古算经》97

《几何原本》81、125

贾逵 17、58、86、113

贾思勰 90、96、101、113

《简平仪说》81

江永 45

犍为文学 20

焦循 80、81、86

今文经 17、18、123

金履祥 61、74、75

《晋书》44、56、87、100

京房 17

经学家 39、41、44、45、54、58、
　　60、86、87、88、89、112、
　　113、123

荆公新学 61、63、152、161

《景岳全书》106

敬授民时 77、90、91

《敬斋古今黈》88

九经 19、20、73

《九经要义》73

九数 112

《九章算术》60、92、97、100、
　　101、112

《九章算术注》97、100

《救荒本草》85

K

康有为 123、130、131、132、143

《康有为全集》130、131、132

《考工记》32、62、111、138

《考工记解》45、62

《考工记图》45、80

《科学》145

《科学入门》131

孔安国 16、17、19、20、39、40、
　　41

孔颖达 19、20、39、40、41、73、
　　112

孔子 5、6、7、8、9、10、15、
　　16、17、18、19、22、23、
　　49、50、51、52、63、79、
　　87、111、124、129、139、

141、153、157

寇宗奭 92、93、162

《昆虫草木略》88、116

《困学纪闻》76

L

老子 8、16

《耒耜经》88、97、113

黎靖德 5、7、21、22、43、115、
　　117、140、144

《礼记》17、18、19、20、21、
　　22、34、75、87

《礼记要义》73、74

《礼记正义》20、72、73

李梵 86

李杲 95、99、101、114

李光地 11、80

李鸿章 125、126

李诫 85、114

李锐 81、86、89

李善兰 125

李时珍 86、103、107

李冶 88、89、105、114、143

李约瑟 前言1、4、9、10、23、
　　29、30、50、52、54、79、
　　111、145、146、151、156、
　　157、167

李约瑟问题 145、146

理学 前言1、6、7、21、61、86、
　　105、106、107、111、117、
　　118、119、131、138、144、
　　151、166

理学家 61、73、77、86、89、
　　105、114、143、144、164

理学派 61

理学自然观 6、66、98、105、
　　106、107、117、137

历法 28、39、40、41、51、54、
　　55、56、58、60、65、68、
　　73、74、76、77、80、86、
　　91、92、94、100、105、
　　107、112、113、118、142、
　　155、157、158、160

历理 65、77、92、105、106、117

历家 67、71、74、77、105、158

历数 4、30、56、77、100、105

历算 58、62、79、80、113、116、
　　156

《历算全书》106

濂学 61

梁启超 118、119

《梁书·崔灵恩传》60

《临川先生文集》62、63、156、
　　161、165

刘焯 60、88、89、94

刘德 17、20、32

刘徽 92、95、100、112

刘完素 95、99、101、106、107、
　　114

刘向 3、112

刘歆 3、17、18、20、54、55、
　　100、112

六经 5、6、16、18、19、21、22、
　　49、62、71、74、75、88、
　　154

《六经天文编》45、75

六十四卦 58、94

六爻 26、92

六艺 3、5、6、15、18、19、87、
　　92、95、98、139

洛学 61

卢嘉锡 4、23

《鲁论语》19

鲁明善 90、96

《鲁诗》16

《鲁斋集》74

《鲁斋遗书》77

陆德明 19、20

陆佃 45、63

陆龟蒙 88

陆玑 41、42、44、45、87、89

陆绩 58、113

陆九渊 61、68、69

《陆九渊集》68、69

陆世仪 80

《论语》4、5、19、20、21、22、
　　87、90、95、138、139

《论语或问·述而》7

《论语集解》10、19

《论语集注》21

《论语注疏》10、21、42、

罗洪先 78、89

罗士琳 45

洛书 95、101

《洛阳牡丹记》62

《吕氏春秋》98

吕祖谦 61、69

《吕祖谦全集》69

M

马钧 85

马一龙 100

《脉经》97、113

毛公 17、20、41、42

《毛诗》17、18、20、44、60、87

《毛诗草木鸟兽虫鱼疏》41、44、
　　45、87

《毛诗名物解》45

《毛诗名物图说》45

《毛诗鸟兽草木虫鱼释》81

《毛诗天文考》45

《毛诗正义》20、41

梅文鼎 86、106

孟喜 17、58、94

《孟子》4、20、21、22、89、
　　138、152、153、154

《孟子解》88、115、151、152、
　　153、154

《孟子注疏》21

《梦溪笔谈》93、116、117、151、
　　154、155、156、157、158、
　　159、160、161、162、163、
　　164、167

《梦溪笔谈校正》93、116、117、
　　155、156、158、159、160、
　　162、163、164、167

《闽中海错疏》86

明安图 86

《明夷待访录》79

《墨经》111

N

《南轩集》71

《南轩易说》70

难盖天八事 57、58

《难经》61、62、97、155

《农桑衣食撮要》90、96

《农书》88、90、91、92、99、
　　100、102、161

《农说》100

《农政全书》90

O

《欧阳文忠公文集》62、157、165

欧阳修　61、62、100、117、139、
　　157、158、161、165

P

裴秀　44、87

《埤雅》63

《普济方》107

Q

《七略》3、18

七十二物候　58、94

《齐论语》19

《齐民要术》90、96、97、101、
　　113

《齐诗》16

《奇器图说》81

气学　102

气学自然观　6、66、98、102、
　　103、137

钱宝琮　81、112、167

乾嘉学派　81、119

《乾象历》58、60、87、100

秦观　64

秦九韶　95、105、114

秦始皇　16

《清代学术概论》118

《劝学篇》127、128

R

《仁山文集》75

任鸿隽　145

《日本书目志》130、131

《日知录》8、79

《榕村语录》11

儒家自然观　6、85、98

《儒门事亲》91

阮元　10、16、19、39、40、41、
　　42、80、81、89、106、112、
　　139、167

S

三才之道　6、25、26、27、101、
　　102、113

三传 21、22、60

三礼 20、60、95

《三松堂全集》9

《三统历》54、55、56、100、112

僧一行 68、88、100、113、120

《山海经》97、111

《伤寒杂病论》113

《尚书正义》20、40、72

邵雍 61、65、66、72、73

申培公 16、18

《神农本草经》97、113、159

《神农本草经集注》97、113、120

沈括 88、89、93、94、114、115、
　　116、117、118、144、151、
　　152、154、155、156、157、
　　158、159、160、161、162、
　　163、164、165、166、167

《沈括研究》152

《圣济经》99

《圣寿万年历》6、106

《诗本义》62

《诗地理考》45、75

《诗集传》21

《诗经》6、20、31、32、41、42、
　　44、45、62、88、90、94、
　　96、97、157

十二经 20

十二气历 115、155、158

十三经 18、20

《十三经注疏》10、16、19、20、
　　39、40、41、42、112、167

石申 52、111

实学 8

《史记》16、43

《授时历》77、86、105

《书集传》21

蜀学派 61、166

《数书九章》95、105

《数术记遗》95

水运仪象台 85、114、116

舜 5、6、11、18、27、51、90、
　　114、153

司马光 61、63、64、117、165、
　　166

司马迁 5、15、18

思孟学派 5、6、51、98、111

《四民月令》60、87、96、97

《四时纂要》88、96、113

四书 4、5、21、22、128、129、
　　138

《四书辨疑》10

四书或问 7、22

《四书章句集注》5、7、21、22、
　　42

《四元玉鉴》95、103、107

宋慈 85、86、114

《宋代的儒学与科学》115、117、168

《宋史》88、151、156

宋应星 89、103、104

《宋元学案》21、62、63、65、
71、72、151、152、154、
157、165、166、167

《苏沈良方》115、155、156、162

苏轼 61、63、64、117、165、166

《苏轼文集》63、64、166

苏颂 85、94、114、116

《算法统宗》101

算经十书 95、97、113

隋书 4、19、57、60

孙思邈 91、113、160

《孙子算经》97

T

《太初历》54、55、112

太极 7、23、24、25、55、64、
65、88、95、103

《太极图》64

《太平寰宇记》114、115

《太玄》113

《泰西水法》81

谭其骧 44、76

唐慎微 91

唐玄宗 20

陶弘景 87、89、113、120

天道 4、6、23、26、27、50、51、
70、92、106、139

《天工开物》89

天人合一 5、6、98、137

《天文星占》111

《天下郡国利病书》79

天圆地方 50、51

田何 17

《通雅》79、80

《桐谱》115、116

屠本畯 86

W

《外台秘要》113

万斯同 86

汪莱 81、89

王安石 61、62、63、117、152、
155、156、161、165

王柏 61、74、115

王夫之 79、80

王叔和 85、113

王焘 113

王廷相 78

《王廷相集》78

《王廷相评传》79

王锡阐 89、106、138

王孝通 92

王恂 77、105

王阳明 78、89

王应麟 45、61、75、76、115

王祯 90、91、92、100、102、114

《王祯农书》90、92、102

《为天地立心——张载自然观》
66、168

魏了翁 61、73、74

魏源 44、123、124、132、139、
143

温公学派 61、165

《温国文正司马公文集》63、166

吴澄 61、76、77

吴其濬 86

《吴文正集》76、77

《五曹算经》97

五经 4、5、15、16、17、18、21、
22、23、60、79、87、100、
128、129

《五经四书大全》22

《五经算术》45、95、97

《武经总要》85、114、116

《物理小识》80、104、105、138

《物质救国论》131、132

X

《西山读书记》72、73

《西山先生真文忠公文集》73

西学中源 129、138

熹平石经 19、58

席泽宗 118、167

《洗冤集录》85

《夏侯阳算经》97

夏纬瑛 31、32

《夏小正》49、50、79

象数学 61

《小学绀珠》76、115

《晓庵新法》138

《孝经》20、21、87、90、95

《孝经注疏》21

《校邠庐抗议》124、125

谢良佐 140、143

《新论》56

《新唐书》100

《新仪象法要》85

邢昺 10、21、39、42、45

形而上之道 8、143

徐光启 100、107、125、131、138

《徐光启集》107

许衡 61、76、77、86、105

许谦 61、75

宣夜说 56、112

玄奘 120

薛季宣 61、71

薛景石 114

荀子 16、17、52、53、54、98、
　　102、111

Y

鸦片战争 123、132

亚里士多德 10

阎若璩 86

《砚谱》62

燕肃 114、116

扬雄 7、56、57、58、112、113、
　　152

《扬子法言》7

杨恭懿 77

杨辉 95、114

洋务派 124、125、127

洋务运动 124、125、127、130

《洋务运动》126、127

尧 5、6、7、11、18、27、28、
　　51、53、90、158

《尧典》6、18、28、75、138

叶适 61、71

《叶适集》71

一字石经 19

医家 4、91、98、107、159

医理 106、107、117

《医说》115

《仪礼》17、18、19、20、21

《仪礼经传通解》21

《仪礼注疏》20

《易传》5、6、23、72、100、102

《易经》11、18、62、100

易学自然观 98、100、137

奕䜣 125、127

阴阳五行 65、70、71、98、99、
　　101、113、116、140

阴阳五行自然观 6、35、98、137

《营造法式》85、114

游于艺 6、7、49、139、140

虞喜 87、89、94、113

《禹贡》6、28、29、30、44、75、
　　87、138、162

《禹贡地域图》44、87

《禹贡论》44

《禹贡锥指》44

《玉海》76

《御定星历考原》80

《御定月令辑要》80

元气 55、70、103

辕固生 16、18

乐史 114、115

《月令》6、34、35、58、60、72、
　　73、74、138

Z

曾公亮 85、114、116

张苍 112

张从正 91、114

张衡 87、89、94、112、113

张介宾 95、96、103、104、106

张履祥 80、89

《张丘建算经》97

张栻 61、70、71、88

张载 61、66、72、73、102、103、
　　114、115、117、141、154

《张载集》102、103、115、117

张之洞 123、127、128、129、
　　130、132、139、143

张仲景 91、113

张子信 113

赵佶 99

赵岐 20、21

《针灸甲乙经》91、97、113

真德秀 61、72、73、86

《真西山先生卫生歌》73

甄鸾 45

《正朔考》74

曾国藩 125、126

曾肇 116

曾子 5、50、51、98

郑樵 41、42、88、89、116

郑玄 17、18、19、20、49、60、
　　112、113、157

《政和新修经史证类备用本草》91

《植物名实图考》86

制图六体 44、87

质测 79、80

《中国古代科技成就》69

《中国古代科学家传记》45、60、
　　78、85、88、89、90、114、
　　115、116、168

《中国近三百年学术史》119

《中国经学史讲义》18

《中国科技史探索》31、32

《中国科学技术史》前言1、4、9、
　　10、23、29、30、50、52、
　　54、79、145、151、157、167

《中国科学技术史稿》32、77、
　　114、119、125、167

《中国理学》151

《中国历代地理学家评传》44、76

《中国农学史》64

《中国农业科学技术史稿》50

《中国儒学史·宋元卷》151、152

《中国声学史》161

《中国天文学史》56、58、167

中体西用 128

中学 123、127、128、129、132、139、143

《中庸》4、5、21、22、51、52、63、129、138

《周髀算经》97、112

周敦颐 61、64、65、72

《周敦颐集》64

周公 18、50、112

《周官新义》62

《周礼》6、19、20、32、33、34、60、75、87、96、97、112、127

《周礼注疏》20、112

《周易》17、20、22、23、24、25、26、27、28、56、58、65、87、88、89、90、94、95、96、97、100、101、102、103

《周易本义》21

《周易正义》20

周予同 18、19

朱世杰 95、103、105、107、114

朱橚 85、107

朱熹 4、5、7、21、22、42、43、61、68、69、72、73、76、86、105、107、115、117、131、138、140、144

朱彝尊 86、89

朱载堉 6、106

朱震亨 107、114

《朱子全书》7、22

《朱子语类》5、7、21、22、42、43、115、117、140、144

《诸病原候论》113

竺可桢 117、118、160

《竺可桢文集》118、160

庄子 8

《缀术》87、97

子贡 8

子思 5、20、98

子夏 16、17、139

置闰 39、40、41、158

《梓人遗制》114

自然观 6、28、30、34、35、66、85、98、99、100、102、103、105、106、107、113、117、137

纵横图 95

《走进大自然的宋代大儒——朱熹的自然研究》68、168

祖冲之 87、89、94、97、160

《遵生八笺》73

左丘明 16、17、112

《左氏春秋》17

左旋说 75、76

左宗棠 125、126